AF380451

El gran libro de la gastronomía sanluqueña

José Carlos García Rodríguez

El gran libro de la gastronomía sanluqueña

ALMUZARA

© José Carlos García Rodríguez, 2024
© Editorial Almuzara, S.L., 2024

Primera edición: noviembre de 2024

Reservados todos los derechos. «No está permitida la reproducción total o parcial de este libro, ni su tratamiento
informático, ni la transmisión de ninguna forma o por cualquier medio, ya sea mecánico, electrónico, por fotocopia,
por registro u otros métodos, sin el permiso previo y por
escrito de los titulares del *copyright*.»

Cualquier forma de reproducción, distribución, comunicación pública o transformación de esta obra solo puede
ser realizada con la autorización de sus titulares, salvo
excepción prevista por la ley. Diríjase a CEDRO (Centro
Español de Derechos Reprográficos, www.cedro.org) si necesita fotocopiar o escanear algún fragmento de esta obra.

Editorial Almuzara - Colección Gastronomía
Editora: Rosa García Perea
Maquetación: Miguel Andréu

www.editorialalmuzara.com
pedidos@almuzaralibros.com - info@almuzaralibros.com

Editorial Almuzara
Parque Logístico de Córdoba. Ctra. Palma del Río, km 4
C/8, Nave L2, n° 3. 14005 - Córdoba

Imprime: Black Print
ISBN: 978-84-10523-98-2
Depósito legal: CO-1777-2024
Hecho e impreso en España - *Made and printed in Spain*

*A Beatriz de Orleans-Borbón, con afecto,
por sus críticas siempre tan amables
y generosas.*

Índice

INTRODUCCIÓN

Cuando el 19 de noviembre de 2021 Sanlúcar de Barrameda fue elegida *Capital Española de la Gastronomía 2022*, se hacía realidad una propuesta que tuve el honor de liderar y en la que, en principio, pocos sanluqueños, con excepción del gran chef Fernando Bigote, de mis amigos del Círculo de Artesanos y de la Sociedad Gastronómica *La Galera del Coral*, confiaban en que aquella ambiciosa aspiración pudiese llegar a buen fin. Con las sucesivas adhesiones de cooperativas agrícolas, empresas bodegueras, hosteleros, Cofradía de Pescadores y las principales asociaciones e instituciones locales, aquella pretensión, ya puesta en manos del Ayuntamiento y apoyada por la Diputación Provincial de Cádiz y la Junta de Andalucía, lograba hacerse realidad. Sanlúcar de Barrameda, primera ciudad no capital de provincia que accedía a tan alta distinción, se erigió con su acertado lema: «El mundo, vuelta y vuelta» —no olvidemos la celebración del quinto centenario del viaje de circunnavegación de Magallanes-Elcano por aquellas fechas—, en la capitalidad de la gastronomía nacional durante todo un año para incorporarse por propio derecho en el restringido grupo de *gastrociudades* que marcan hitos dentro de los itinerarios del turismo gastronómico por la geografía española.

Almudena Villegas, la gran investigadora cordobesa de la historia de la alimentación, dice en su ilustrativa obra *Saber del sabor* (2008) que todos los pueblos tienen una cocina. pero solo algunos son capaces de construir una gastronomía. Es el caso de Sanlúcar de Barrameda, donde la cocina y el arte de comer se han integrado junto a un discurso que los hace trascender.

Sabido es que la forma de vida, las costumbres y los hábitos sociales de los habitantes de un lugar vienen condicionados por las características de su entorno geográfico y por su clima. Y es indudable, que todo ello también determina un especial modo de comer capaz de desvelarnos la esencia, la identidad y hasta la religión de estas personas. Podemos afirmar, por tanto, que la cocina es, posiblemente, el exponente más fiable para conocer el medio natural, la historia, la cultura y múltiples y fundamentales aspectos de la vida cotidiana de un pueblo. Gran verdad encierra el famoso aforismo: «Dime lo que comes y te diré quién eres», pronunciado en el siglo XIX por Jean Anthelme Brillat-Savarin, el genial autor de *Fisiología del gusto* (1825). Julián López García, antropólogo social, afirmaba no hace mucho: «Si no sabemos lo que comemos, no sabemos quiénes somos, y realmente ese es uno de los dramas de la alimentación contemporánea». En fin, dejémonos de elucubraciones filosóficas y continuemos.

Superadas las incomprensiones y el injusto descrédito que históricamente acompañó a la dieta del sur español por aquello del sambenito de «cocina de pringue y ajo», la cocina andaluza, hoy considerada como una de las cocinas populares más interesantes de Europa, empieza a concordar plenamente con el reciente concepto de «alimentación culta», seduciendo cada día a sectores más amplios de quienes buscan el deleite gastronómico.

Dentro del creciente interés que en los últimos tiempos han suscitado los modos y los usos de la alimentación meridional, la cocina de Sanlúcar de Barrameda goza de una muy especial atención. Esta fascinación se fundamenta en los excepcionales productos del campo y del mar sanluqueños, que propiciaron el desarrollo de una atractiva culinaria cuya fama ha trascendido gracias, en buena parte, a su célebre langostino y a la rica realidad de unos guisos de ascendencia marinera inscritos en eso que se ha dado en llamar *cocina tradicional*, que no es otra cosa sino «la cocina de cada día, la que crea costumbre, la que educa a la futura memoria», como escribiera con tanto acierto Carlos Herrera, y que en Sanlúcar se ha mantenido con gran fuerza, vigor y lozanía.

Con *El gran libro de la gastronomía sanluqueña* que tienes en tus manos nos volvemos a acercar a un aspecto tan fundamental de la cultura de Sanlúcar de Barrameda como es la historia de su alimentación y sus modos cocineros. Una obra que es resultado de la revisión y sustanciosa ampliación de unos trabajos precedentes que habíamos dedicado a las artes culinarias de esta ciudad situada en la misma desembocadura del río Guadalquivir.

Como todas las cocinas, la cocina sanluqueña cuenta con una amplísima serie de recetas que definen su carácter y conforman su personalidad. Muchas de ellas, por sus distintivos «a la sanluqueña» o «a la manzanilla», te van a resultar de sobra conocidas porque ya forman parte del gran recetario de la cocina tradicional española.

Para mostrar al lector los trazos esenciales del comer sanluqueño y los ejes de una indiscutible personalidad cocinera, hemos contado con investigaciones que nos permitieron acceder a recetas casi olvidadas, con el conocimiento de amas de casa que continúan la elaboración de platos haciendo uso de inéditos recetarios de toda la vida y con la valiosa orientación de restauradores sanluqueños empeñados, con gran fortuna, en aportar toques innovadores a una cocina en la que priman el gusto por la sencillez y la ausencia de innecesarias sofisticaciones, además de mostrar un gran talento gastronómico al hacer uso de los productos que pone en sus manos una diversa despensa natural, de campo y mar, de calidad excepcional. Así de simple es el secreto del éxito de esta cocina de mercado que es cada día más conocida, frecuentada y alabada.

El centenar largo de recetas que incluimos en este libro son una invitación al descubrimiento de los aromas y sabores de una tierra que, situada en el punto en que conectaron Oriente con Occidente, supo amalgamar cuantos alimentos y estilos culinarios arribaron a su orilla para otorgarles carta de naturaleza y hacerlos propios. Obviamente, la referencia a la *manzanilla*, el genuino vino de Sanlúcar, era obligada. La *manzanilla*, tanto por ser compañera inexcusable en la armonización de la mayor parte de los platos, como por su importantísimo protagonismo al intervenir, como ingrediente de lujo en tantas y tantas elaboraciones cocineras, es elemento primordial en el concepto gastronómico sanluqueño. Tampoco podíamos olvidar la importancia de la *tapa*, tan enriquecedora para el gusto y la convivencia, y que, en Sanlúcar, por la excelsa amplitud de su oferta, es todo un magnífico compendio de la cocina local.

Lo que nos propusimos con esta obra fue seguir el atinado consejo de Dionisio Pérez, el preclaro *Post-Thebussem*: tratar de indagar en los antecedentes y el progreso de las costumbres culinarias de Sanlúcar y, dentro de esta evolución, señalar aquellas materias primas y aquellos platos que, con el tiempo, han terminado por conformar lo que con orgullo denominamos «cocina sanluqueña».

Este libro es también cauce de profundo agradecimiento a las personas que con su esfuerzo y pasión mantienen vivo nuestro modo de alimentarnos. Va por los «colonieros» de Monte Algaida y por los pescadores de Bonanza, por nuestros bodegueros y demás productores, por quienes atienden nuestros fogones, tanto domésticos como de la restauración pública…, en fin, por todos aquellos que cada día trabajan para mantener con fuerza el latido de la tradición culinaria de un rincón del sur español cuyas costumbres y forma de vivir han sido determinadas por la presencia de Doñana, del río Guadalquivir y de un horizonte atlántico por donde se recibieron tantísimas civilizaciones.

José Carlos García Rodríguez

PRIMERA PARTE

UNAS PINCELADAS HISTÓRICAS

Los antecedentes más remotos de un inicial progreso agrícola en las tierras del Bajo Guadalquivir se remontan a la llegada de los fenicios, quienes aportaron a los indígenas tartesios unas nuevas técnicas que estos aprendieron con prontitud, además de introducir nuevas especies vegetales que llegaron del Mediterráneo oriental para aclimatarse y ampliar una despensa escasamente abastecida por entonces. Estos conocimientos incidieron de forma muy favorable en el aumento de las cosechas y en la diversificación de productos que posibilitaron la mejora de unos muy primitivos hábitos alimenticios, de una simplona dieta que apenas iba mucho más allá de la ingestión de papillas de harina, pescado seco, desabridos guisotes a base de carne de macho cabrío y alguna fruta silvestre; comida que, al parecer, se acompañaba con unas tortas hechas de bellotas secas y trituradas a modo de pan duro y correoso, cuya única virtud era poder conservarse durante mucho tiempo; una tosca y poco atractiva forma de alimentarse apenas mejorada en muy determinadas fiestas de carácter religioso.

La aplicación del hierro al instrumental agrícola, la introducción del yugo tirado por bueyes, la utilización del aceite de oliva y el perfeccionamiento de la arboricultura, de la que los fenicios llegaron a ser maestros, favorecieron enormemente el progreso de unos cultivos cuya brillantez llegaría a reflejarse en relatos míticos en los que, además, se incluían referencias a otras actividades como la apicultura y la ganadería bovina.

Aunque no es tarea fácil establecer con absoluta precisión el momento en que el cultivo de la vid aparece en la Baja Andalucía, las condiciones climáticas y las características del suelo andaluz, tan propicias para el desarrollo de la *vitis vinífera*, nos llevan a pensar que existen pocas dudas de que la vitivinicultura fue una habitual actividad de los primitivos habitantes de estas tierras desde que los fenicios plantaron las primeras vides y enseñaron a los nativos el laboreo de las viñas y la elaboración de vinos. Más tarde, al aparecer los griegos por las costas andaluzas, los pueblos indígenas incorporan a su todavía rudimentaria viticultura la práctica del sistema de la poda científica, labor fundamental para la mejora de las vendimias, y empiezan a hacer uso de avanzadas técnicas enológicas que eran practicadas por los bodegueros de la lejana Grecia, muy aficionados a alterar el sabor del vino con la adición de resinas o hierbas aromáticas.

Por toda la costa de Cádiz proliferaron las factorías pesqueras que los fenicios instalaron con acierto y que alcanzarían su mayor actividad durante la dominación romana, dada la necesidad de importar productos alimenticios para abastecer a las grandes ciudades del Imperio. La pesca del atún se realizaba mediante la técnica de almadraba, sometiéndose el pescado capturado a un proceso que se iniciaba con su lavado y troceado, pasando seguidamente a unas grandes piletas donde se salaba y secaba, obteniéndose un producto muy similar a las actuales mojamas.

La ciudad de *Gadir*, después *Gades*, fue un importante centro de actividades productivas relacionadas con la elaboración y comercialización de derivados marinos desde, al menos, el siglo V a. de C., siendo bien conocidas estas actividades por las fuentes literarias que reiteradamente aluden a la calidad y solera de los productos pesqueros gaditanos desde momentos prerromanos. La fama e importancia de las factorías salazoneras gaditanas llevaron a algunos autores incluso a considerar la existencia de una cierta marca de calidad, bajo la que se ampararía gran parte de aquellas producciones andaluzas relacionadas con la pesca.

Manuel Esteve Guerrero creyó encontrar una factoría romana de salazones al excavar un edificio situado en el lugar de La Algaida, a poca distancia de Sanlúcar, donde el arqueólogo jerezano encontró restos de peces y de útiles de pesca, especialmente anzuelos en un buen número y pesas de plomo usadas tanto para el lastrado de redes como para la pesca con caña y sedal. Aunque posteriores trabajos en aquel yacimiento llegaron a la conclusión de que se trataba de un santuario en el que pescadores y navegantes ofrecían aparejos y artes de pesca a modo de exvotos, un fenómeno muy conocido y practicado en el antiguo mundo griego.

De las costas gaditanas procedía el reputadísimo garo —*garum* en latín—, una especie de salsa que se usaba para acompañar platos de legumbres, carnes e incluso frutas, a modo de aderezo o condimento. También solía mezclarse con vino o vinagre, aceite o simplemente con agua, siendo recomendada su ingestión por los médicos griegos y romanos debido a las propiedades medicinales como digestivo que se le atribuían a este preparado.

El *garum* procedente de las factorías gaditanas fue muy apreciado en todo el Imperio, donde llegó a alcanzar un precio considerable, siendo el primer gran producto gastronómico procedente de las costas de Hispania que se impone en Roma. Como principal especie marina para su elaboración se utilizaba el boquerón, seguido de otros pescados como la sardina, la caballa, el jurel, el rodaballo y restos de atún rojo, revueltos en salmuera y con adición de aceite, vinagre y algunas especias, dejando la mezcla durante un tiempo en depósitos expuestos al sol donde se batían periódicamente para favorecer la fermentación.

Factoría de salazones y garum en Baelo Claudia

La variedad de *garum* procedente del Sur de la península ibérica, al que se conocía como *garum nigrum hispanum*, se envasaba para su venta en pequeños frascos de cristal, como si de un perfume se tratase. El justo uso y la dosificación de esta salsa en los diferentes platos dependía de la pericia y habilidad de los cocineros que utilizaban en sus preparados este producto gastronómico de lujo que fuera citado por Estrabón, Galeno, Séneca, Marcial o Plinio el Viejo. Al parecer, el único defecto de este ingrediente de procedencia pesquera, tan apreciado en las mesas romanas, era su nauseabundo olor, lo que sin duda sería motivo de verdadera angustia para los espíritus más escrupulosos. Con la caída de Roma y después de haber servido incluso hasta como moneda de cambio, el uso del *garum* decae hasta perderse totalmente en los brumosos inicios de la Alta Edad Media.

Muchos escritores latinos, entre ellos Séneca, Catón, Ovidio, Marcial, Virgilio o Petronio, nos dejaron suficientes anotaciones culinarias y nos acercaron a la idea de lo que debió ser la cocina del Imperio. El sibarita y potentado Marcus Apicius, el mejor organizador de fiestas y banquetes durante los buenos tiempos de Roma y fundador de la primera escuela de gastronomía de que se tiene noticias, dedicó buena parte de su vida al estudio de la cocina y a su práctica, legándonos el tratado *De Re Coquinaria* o *Ars Magirica*, uno de los más significativos documentos que nos han llegado para conocer qué comían y qué bebían los romanos, así como las múltiples técnicas que usaban para la conservación de los alimentos. En la obra de Apicius, considerada, además, una fuente significativa como testimonio del latín vulgar, quedaron recopiladas para la posteridad, aunque con añadidos y retoques debidos a plumas desconocidas, un gran número de recetas de la época. Entre sus muchas invenciones culinarias, Apicius tuvo la feliz idea de crear un *allec*, pasta semejante a los actuales patés de pescado, a partir de hígados de salmonetes, una especie muy bien considerada en tiempos romanos, a la que presentaba inmersa en el mejor *garum* procedente de Hispania.

En los dos grandes libros culinarios de la época romana, el ya citado de Marcus Apicius y *El banquete de los eruditos*, escrito en griego clásico por Ateneo de Náucatris, con interesantes pasajes referidos a la comida y al vino como temas de discusión, encontramos un buen número de recetas de pollo, ave muy apreciada por los romanos, en muchas de las cuales se utilizaba el *garum* como el gran aditivo que las dotaba de personalidad, entre ellas el pollo al *laserpicium*, el pollo *vardano* y el pollo *frontoniano*, todos ellos platos muy especiados.

Banquete en un fresco romano de Pompeya

La cocina de los españoles romanizados se caracterizaba por el uso del ajo y del aceite, dos productos que se perpetuarían en nuestros recetarios. Del mismo modo que la cebolla fue una hortaliza indispensable en la cocina romana, fueron muchas las verduras consumidas en abundancia, tanto crudas como preparadas culinariamente que, desde entonces, quedaron para siempre incorporadas en nuestra alimentación. Plauto, el comediógrafo del que llegaron a afirmar que si las musas hablaran latín lo harían con su estilo, no debía estar muy de acuerdo con tanta dieta vegetal y critica con dureza a los cocineros «que sirven un prado completo en sus guisados, de la misma manera que si trataran de regalar el paladar a los bueyes».

Es también en época romana cuando los vinos nacionales empiezan a adquirir su carta de naturaleza, hasta el punto de que el vino llegaría a ser tenido como artículo de primera necesidad, lo que dice mucho a favor del gusto de los romanos. En su interesante *Historia de la Gastronomía Española* (1998), Manuel Martínez Llopis, doctor experto en nutrición y uno de los miembros fundadores de la Academia Española de la Gastronomía, nos ilustra acerca de aquellos vinos ibéricos que se elaboraban de acuerdo con los modelos enológicos seguidos en Roma y que Apicius nos describe en su tratado de gastronomía. El ilustre gastrónomo Martínez Llopis dice así en su libro:

> Al vino puro se le llama *merum*, *moscatum* al recién salido del lagar, *roseum* al vino tinto, y *amineaum* al vino blanco. Al uso romano se preparaba el *mulsum* o vino melado, y cuando era *mostum* el que se mezclaba con miel, recibía la denominación de *cenomelum*. Se llamaba *passum* al vino que se obtenía de uvas pasas. El *defrutum* era un vino cocido que se dejaba espesar; si llegaba a perder hasta una tercera parte de su volumen, se le llamaba *carenum*, y *sapa* si perdía dos terceras partes.

Las uvas que los hispanos llamaban *cocolibe* y que eran conocidas en Roma por el nombre de *balisca*, fueron, en sus variedades dulce y áspera, la base de los vinos andaluces producidos junto al Guadalquivir. Estos vinos —los famosos *vinos del Lauro*, los más apreciados en la capital del Imperio— llegarían a suplir con ventaja a las renombradas elaboraciones de Falerno o Albano en años de cosechas cortas o insuficientes, evidenciando su superior calidad en las exclusivas mesas romanas. Y aunque en los banquetes apenas se bebía, y hasta se llegaba a rebajar la graduación del poco vino que se consumía para no perder el sabor de los alimentos, en las largas sobremesas, tras los postres, se bebía en abundancia, de manera más que exagerada. Pero al margen de tan lamentables abusos que ya sabemos en qué habrían de desembocar, podemos afirmar que los excelentes *vinos del Lauro* —ardientes, de mucho cuerpo, bastante hechos y de un color oscuro muy parecido al de la caoba—, los mejores del mundo según la opinión entendida de Plinio, supusieron el primer éxito vinatero de trascendencia generado por la especialización vitivinicultora de una tierra que hoy sigue manteniendo su prestigio enológico. Los abundantes restos arqueológicos, especialmente las ánforas, atestiguan de la intensidad de un tráfico marítimo con sus cargamentos de vino que fue mantenido durante siglos entre el puerto de Cádiz y el de Ostia, en Roma.

Precisamente sería un andaluz, Lucio Junio Moderato Columela, quien llegaría a inspirar la renovación de la viticultura en el Imperio Romano. El insigne escritor gaditano dedica a las «Ars Vinarias» los libros III y IV de los doce que componen su obra *De Re Rustica*, mostrando en ellos sus profundos conocimientos ampelográficos. En su monumental tratado agrícola Columela habla en repetidas ocasiones de su tío paterno Marco Columela, propietario de unos extensos territorios en la Bética, así como de importantes viñedos y bodegas localizados en las inmediaciones de la villa de *Ceret*, posiblemente, situada en el entorno de la actual ciudad de Jerez de la Frontera, donde se obtenían unos vinos muy apreciados en la mesa del emperador. Por la información aportada por Columela, con la precisión de que hace gala en sus observaciones, y la claridad de estilo que caracteriza al escritor y agrónomo hispanorromano, conocemos con todo lujo de detalles técnicos las diferentes faenas y labores que eran ejecutadas en las viñas de su tío Marco y nos explica de forma muy gráfica los procesos de injerta y poda.

De entre los pueblos «bárbaros» que acometieron contra la Hispania romana, fueron los visigodos los que tras su triunfo terminaron por instalarse en la península ibérica. Hispania dejó de ser romana y pasó a ser visigoda; pero no por ello cambió mucho la alimentación entre nosotros, ya que los productos que seguimos consumiendo eran prácticamente los mismos de la época anterior. Excepto unas débiles pinceladas de su conducta culinaria, poco debemos los españoles en materia alimenticia a aquellos invasores.

La gran revolución de la cocina andaluza llegaría de manos de los musulmanes, a quienes debemos los aromas que aún perduran en muchos de nuestros platos, así como la aportación de nuevas especies que hasta entonces nos eran desconocidas. También les debemos el sistema de regadío mediante acequias utilizado en huertas en las que se producían verduras, legumbres y frutas. La larga etapa islámica fijaría de forma indeleble en los habitantes del sur español unos sabios conocimientos culinarios que, con sus lógicas transformaciones y adecuación a los gustos renovados, siguen perviviendo en nuestros días.

Edición de 1709 de la *Re Coquinaria* de Apicius

Los modos agrícolas musulmanes contrastaban fuertemente con la agricultura que era practicada en los reinos cristianos. Frente a una estructura feudal, fundamentalmente cerealista y bajo el dominio de la ganadería, los cultivos en los territorios de al-Ándalus meridional presentaban más diversidad, no solo por la influencia del arribo de especies orientales, sino por una estructura de la propiedad agrícola distinta y un manejo mucho más eficiente del agua y los regadíos. «En al-Ándalus —escribe Almudena Villegas— existió una importante cultura del agua. Como testigos quedaron fuentes, lugares para baños y abluciones, jardines..., y, sobre todo, la que estaba destinada a ser bebida, para lo que existían distintos tipos de agua: de pozo, *amoniacadas*, las que provenían del deshielo o la que fluía por canales de plomo.»

El mejor aprovechamiento del agua y el incremento del riego, gracias a la introducción de la noria, propició un importante aumento en la extensión del cultivo de frutales, ampliándose la nómina de frutas que ya eran tradicionales entre nosotros, como la uva, la manzana o la pera, con otras nuevas, entre ellas el higo, el limón, la naranja y el albaricoque, adquiriendo también una gran importancia otros productos como fueron la zanahoria, la berenjena y la alcachofa.

Junto a sus conocimientos agrícolas y a su refinamiento gastronómico, los musulmanes nos enseñaron nuevos modos y comportamientos en la mesa, dando gran importancia al protocolo en el servicio. A ellos debemos el destierro de la costumbre de comer en la cocina y el impulso de las salas de comer, nuestros actuales comedores, así como el adornar la comida con un ritual que se iniciaba y concluía con el lavado de manos.

Con la dinastía de los Omeya, al contrario que en la etapa precedente, en que las viandas se servían todas a la vez, se marcó un orden en la presentación de los platos que comenzaba con los caldos y sopas, se continuaba con los entremeses fríos, los pescados en escabeche y las carnes y terminaba con una rica selección de dulcería a la que eran tan aficionados y que nos fue legada en golosas recetas que, apenas alteradas, permanecen entre nosotros.

En un libro de autor desconocido, que nos llegó en forma de manuscrito y que fuera traducido por el arabista Ambrosio Huici Miranda, editado en 1966, con el título *La cocina hispano-magrebí durante la época almohade según un manuscrito anónimo del siglo XIII*, además de

sernos ofrecidas más de quinientas recetas de la época,
se nos habla de los utensilios utilizados en el oficio de la
cocina y de los nuevos modos en el comer:

> Muchos de los grandes personajes y su séquito ordenan
> que se pongan en cada mesa ante los comensales los
> platos separados, uno después de otro y esto, por mi
> vida, es más hermoso que poner un montón indigesto,
> todo en la mesa y es más elegante, más educado y más
> nuevo; esta es la moda de la gente de al-Ándalus y de
> Occidente, de sus caudillos, personajes y hombres de
> mérito desde los días de Umar Abs al-Aziz y los Banu
> Umaya hasta ahora.

Mientras en los territorios cristianos de la península
ibérica y en toda Europa se alimentaban a duras penas
con lo que podían, el refinamiento en la Andalucía musulmana llegaría a trascender a su propia mesa. De la cocina
andalusí, clarísimo precedente de la culinaria más arraigada en el sur español, se conoce un amplísimo recetario
en el que podemos encontrar platos de entrada, de pescado, de carne, dulces y postres. Entre ellos, la *zirbaya*,
guiso de carne de gallina en escabeche con adición de
numerosas especias y una salsa elaborada con agua de
rosas, almendra y azúcar; la *barmakiya*, otro guiso de gallina con una masa hecha de harina, abundante sal, miel y
vinagre a la que llamaban *almorí*; las berenjenas rellenas,
con adición de almorí y especias; el *estofado de Zyryab*,
preparado con albóndigas de carne; la *isfiriya*, una tortilla con leche, aceite y varios condimentos; el *almidonado*,
una especie de albóndigas hechas con carne de pescado
picada; el cocido llamado *itriya*; el pescado frito *muraway*;
la ternera cocida denominada *el codiciado*; la gallina frita
al aceite dulce; el arroz con miel; la cuajada de almendra
y miel; las compotas de batatas; los canutos rellenos; las
almojábanas, elaboradas con queso de cabra y de vaca...
Todos estos platos son ejemplos de la brillante cocina que
fue practicada durante el refinado Califato de Córdoba y

que contribuiría a fundamentar buena parte de la posterior culinaria andaluza.

Desde que nuestros antepasados romanos generalizaron su utilización en la cocina, las especias se nos hicieron tan necesarias que no hemos podido pasar sin ellas. A partir de entonces, gracias a sus propiedades gustosas y aromatizantes, las comidas de olor y sabor poco agradables se convirtieron en platos sabrosos. No podemos olvidar que los métodos de conservación de los alimentos eran muy primitivos en aquella época. Lo normal por entonces era que las carnes y los pescados se sirviesen malolientes y hasta a punto de pudrirse. Pero un toque de pimienta, un trocito de corteza de canela, un poco de nuez moscada, una pizca de jengibre o un par de clavos, bastaban para que aquellas comidas despertaran el apetito y fuesen gratas al paladar. Eran tantas las propiedades y tan variados los usos de aquellos productos que no es extraño que no hubiese nada más valioso que las especias. Hasta el punto de que a los hombres más ricos y poderosos se les conocía por el mote de «sacos de pimienta».

Por Sanlúcar, debido a su posición geográfica y a las circunstancias históricas, se canalizaría un importante circuito de intercambios alimenticios. Desde la Edad Media, el comercio de las especias jugó por sí mismo un destacado papel como causa y motor de viajes y descubrimientos geográficos. El variado conjunto de plantas que eran utilizadas, unas como condimentos y colorantes alimenticios, y otras como aromas y perfumes, arribaron pronto a la playa de Sanlúcar desde las regiones asiáticas a través de interminables viajes comerciales. De esta forma, los sanluqueños fueron familiarizándose con el clavo, la nuez moscada, la canela de Ceilán, la casia o canela de China, la cúrcuma, el jengibre, la pimienta, el anís estrellado o el cardamomo.

Uno de los capítulos más fascinantes de la historia de la gastronomía es sin lugar a duda el que nos habla de la denominada «Ruta de las especias», referida al intenso tráfico comercial que se desarrolló en sucesivas etapas a través del tiempo entre las exóticas islas del océano Índico y el mar Mediterráneo. Aquella ruta comenzaba en Ceilán, Sumatra, Java o las Islas Molucas, estas también conocidas como *islas de las Especias*, donde se recolectaba clavo, pimienta, canela o nuez moscada, que se transportaba hasta la bahía de Bengala. La ruta continuaba, bien atravesando la India, o bien bordeándola hasta las costas de Kerala, lugar desde donde los mercaderes árabes seguían por el océano Índico con su cargamento de especias en su viaje hacia Occidente; viaje que se continuaba por tierra siguiendo dos caminos: uno que llegaba a Damasco o Constantinopla, a través del golfo Pérsico, y el otro atravesando el mar Rojo para llegar a Egipto cruzando el Nilo, para desde allí, de nuevo por vía marítima, adentrarse en el mar Mediterráneo hasta arribar a los puertos de la península itálica.

Las larguísimas distancias que debían recorrer los cargamentos de especias hasta llegar a su destino, siempre estuvieron llenas de dificultades. A menudo, los barcos que las transportaban sufrían naufragios y otros eran atacados por piratas. Las caravanas que conducían las especias a través de los desiertos, eran muchas veces asaltadas por las bandas de beduinos. Y había que pagar elevados tributos a los sultanes para hacer uso de sus puertos o atravesar sus territorios. No es exagerado afirmar que cada grano de pimienta costaba una gota de sangre.

Los grandes peligros que amenazaban a aquellas mercancías hasta llegar a Occidente, se traducían en un considerable aumento de precio. Desde el lugar de su recolección hasta su llegada a los consumidores, el valor de las especias se multiplicaba casi hasta el infinito. Y para colmo de males, todos los inconvenientes que acechaban por tierra y por mar a aquel comercio, se complicaron aún más cuando los turcos se hicieron con el control del paso de las especias a Europa. El resultado fue un encarecimiento, aún mayor, de aquellos productos tan necesarios. Y a todo ello, había que añadirse las abusivas ganancias de los potentados comerciantes venecianos y genoveses que monopolizaban su distribución y venta. Ante tanto contratiempo, algunos países empezaron a buscar nuevas rutas que hicieran más fácil y seguro el camino hasta llegar a los lugares donde se cultivaban y se producían las especias.

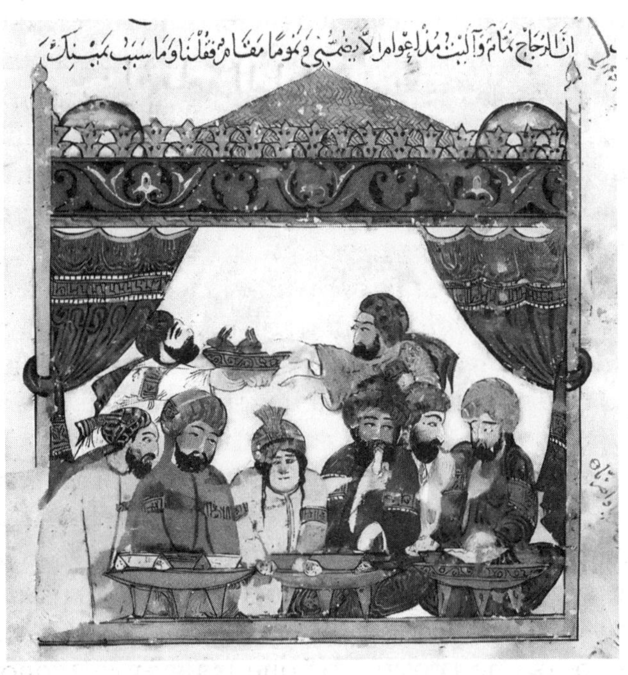

El manuscrito anónimo de la cocina andalusí
en época almohade (sigloXIII)

Razón originaria, tópico o pretexto, la búsqueda de una vía más satisfactoria para el comercio de especias fue, al menos, uno de los argumentos manejados por Cristóbal Colón para justificar su viaje trascendental y que, a la postre, daría lugar al descubrimiento del Nuevo Mundo con sus posteriores navegaciones de conquista y colonización. Como dato histórico de especial relevancia hemos de hacer obligada mención al primer viaje de circunnavegación, iniciado el 20 de septiembre de 1519, desde el puerto de Sanlúcar de Barrameda por Fernando de Magallanes, al mando de una flotilla compuesta por cinco navíos y casi 300 hombres, y culminado tres años más tarde, el 6 de septiembre de 1522, por Juan Sebastián Elcano y el grupo de 17 supervivientes que llegan a la playa de Sanlúcar a bordo de una desvencijada nao, la *Victoria*, el único de los barcos que consigue regresar a España.

El objeto de aquel viaje, que habría de confirmar la redondez de nuestro planeta Tierra, había sido abrir un nuevo camino por la ruta de Occidente a las islas de las Especias, aunque respetando lo convenido en Tordesillas, tras largas negociaciones con la corona portuguesa, para no entrar en colisión con los intereses de nuestros vecinos. Por cierto, como nota anecdótica, hemos de señalar que el alto costo de aquella expedición fue financiado, en su totalidad, con la venta a un comerciante de Amberes del cargamento de más de 500 quintales de clavo de la mejor calidad que la nao *Victoria* logró transportar, a duras penas en su bodega, hasta su arribada a la playa sanluqueña.

Los pobres marineros, sometidos durante las travesías descubridoras a una dieta compuesta por carne salada, tocino, bacalao y unas durísimas galletas —el llamado *bizcocho de mar*—, una vez desembarcados en tierras extrañas y obligados por el hambre, se abrieron con gusto al consumo de unos productos que les eran desconocidos, pero que adaptaron prontamente a sus paladares. Una vez instalados allende los mares, los españoles comprendieron que habían llegado a unas tierras fértiles y muy apropiadas para el cultivo, donde una pequeña parcela podía sostener a toda una familia. Hasta allí llevaron las vacas y los cerdos e introdujeron las uvas, los naranjos, los limones y el cultivo de la caña de azúcar. Y de ultramar, en justa correspondencia, recibimos los españoles muchos productos que nos son hoy indispensables en la práctica de nuestra cocina.

No deben caber muchas dudas de que las huertas y los campos de Sanlúcar, cuyo puerto llegó a estar tan íntimamente ligado, durante mucho tiempo, a los viajes descubridores y al comercio ultramarino, habrían de ser pioneros en la plantación de tomates, pimientos y maíces, siguiendo el ejemplo del médico y botánico sevillano Nicolás Monardes, quien se haría famoso por su huerto donde cultivó un buen número de especies vegetales americanas con las que experimentó y describió por vez primera, llegando a familiarizar a los europeos con plantas que llegarían a ser fundamentales para su alimentación como el maíz o la batata.

En la obra en verso *La Charidad Guzmana*, escrita por el dominico fray Pedro Beltrán, en 1612, y dedicada a la mayor gloria de los duques de Medina Sidonia, señores de Sanlúcar, se hace referencia al activo y cosmopolita puerto sanluqueño que era entrada de los productos procedentes de ultramar:

> *Aqueste puerto opulento*
> *do arroja el indio avariento*
> *cuantas minas desentraña*
> *es la garganta de España*
> *por donde la entra el sustento.*

El descubrimiento de América llegaría a suponer una auténtica revolución en la forma de alimentarnos. La llegada de tantos y tan desconocidos productos desde el continente americano, introdujo tales novedades, y de tal calado, que podemos afirmar con justicia que la cocina andaluza, como toda la cocina española, quedó refundada a partir de entonces.

Lo primero que se adaptó entre nosotros y entró en nuestra cocina, según nos dice el gran Néstor Luján, fue el pavo, cuya presencia en nuestros corrales se nos haría muy pronto familiar, para con el paso del tiempo deleitar nuestras cenas de Navidad. Siguió de inmediato el maíz, luego el pimiento rojo y, a continuación, el tomate, el calabacín... Aunque es verdad que uno de los productos más significativos llegados de ultramar, como fue la patata, no la tendríamos en nuestros platos como alimento corriente hasta los albores del siglo XIX.

A su llegada desde América, la patata fue considerada por su bonita flor como una exótica planta ornamental, muy a propósito para su uso en jardinería. En Sanlúcar no fue hasta muy avanzado el siglo XVIII cuando se empieza a fomentar su cultivo intensivo en *navazos* para dedicarla a la alimentación. La iniciativa partió de Lucas Marín y Cubillos, socio fundador y director de la Real Sociedad Económica de Amigos del País de Sanlúcar de Barrameda, entidad que siempre mostró una gran preocupación por el fomento y el avance cualitativo de la agricultura local, como comprobamos por los discursos sobre estas cuestiones a cargo de miembros de aquella asociación, entre ellos el gaditano Juan Gaspar Layes.

A Lucas Marín y Cubillos se debe la redacción de todo un tratado acerca de la plantación y cultivo de la patata que se distribuyó gratuitamente entre los labradores sanluqueños. El fin perseguido por el director de la Real Sociedad Económica de Amigos del País era lograr vencer la inicial negativa de los *navaceros* de Sanlúcar a introducir el tubérculo en sus tierras. Eran los años en que el nutricionista Antoine Parmentier, cuya gran obra gastronómica fue nada más y nada menos que la introducción de la patata en la alimentación de la Europa de finales del siglo XVIII, promovía en Francia su consumo, como medio de combatir la hambruna. Para ello, Parmentier hubo de lograr que Luis XVI aboliera las leyes que prohibían el cultivo de la patata al considerarse que esta era causante de enfermedades tan temidas como la lepra. Además, quienes se mostraban contrarios a su consumo, llegarían a decir que no podía elevarse a la mesa del hombre un producto que servía de alimento a las bestias. Pero fue tanto lo que ayudó la patata a quitar el hambre durante la Revolución Francesa, que Napoleón llegaría a ordenar unos años más tarde que los jardines de Las Tullerías se dedicasen a su cultivo. Era un tiempo en que adornar el sombrero de los varones o el pelo de las mujeres con una ramita de la delicada y blanca flor de la patata, estaba considerado como un signo de distinción y buen gusto.

Junto a la sencilla cocina casi siempre de supervivencia que era practicada por el pueblo llano, convive en Sanlúcar la opulenta mesa de señores y aristócratas. Durante la visita que los Reyes Católicos realizan a la ciudad en octubre de 1477, para acabar de una vez con las permanentes rencillas entre Guzmanes y Girones, el II duque de Medina Sidonia, don Enrique, « les fizo gran recebimiento e convites, e gastó mucho con sus Altezas en demasiada manera», nos dejó escrito Andrés Bernáldez, el famoso cura de Los Palacios, en su libro *Memorias del reinado de los Reyes Católicos*. No cabe duda de que la mayor parte del gasto ducal hubo de corresponder a los banquetes ofrecidos a tan egregios invitados y a su numerosísimo séquito. En estos agasajos no habrían de faltar las aves, tanto de caza como de corral, asadas y guisadas al modo sefardí, y las piernas de carnero, elaboradas según las recetas de Toribio de la Vega y Juan de la Huerta, cocineros mayores de la reina, que tanto gustaban a los soberanos.

«El Señorío de Medina Sidonia —dice Isabel González Turmo en su libro *Comida de rico, comida de pobre* (1995)— debió abundar en una suerte de maravillas gastronómicas, entre las que el epatante recibimiento ofrecido a Felipe IV en el Coto de Doñana es buena muestra». De la esplendidez con que los Medina Sidonia atendían a sus huéspedes más ilustres, dice mucho aquella invitación que el VIII duque, don Manuel Alonso Pérez de Guzmán, ofreció con motivo de la visita real de la que nos habla González Turmo.

Fue tan impresionante aquel convite, que el monarca —se llegó a afirmar— dio muestras de su enfado y hasta sintió celos por la grandiosidad derrochada por su anfitrión. Fundamental en aquella mítica excursión cinegética y rural, fue, como no podía ser de otro modo, el capítulo gastronómico cuya crónica ha quedado registrada con todo lujo de detalles. Las cuatro jornadas de marzo de 1624, que duró aquel acontecimiento, costaron al duque 200.000 ducados, afectando de forma seria a unas finanzas que por entonces andaban lejos de ser boyantes para la casa de los Guzmanes. El duque de Medina Sidonia, buscando la sensación de poderío, ostentación y riqueza que era el espíritu que animaba la cocina de los potentados durante la etapa de los Austria, no reparó en unos gastos cercanos al despilfarro, aun con riesgo de hacer quebrar su hacienda.

La efímera infraestructura —toda una ciudad erigida para la ocasión en los arenales de Doñana— mandada levantar por el duque para ofrecer alojamiento a varios miles de personas en barracas y tiendas, además de atender adecuadamente en caballerizas, cocheras y guadarneses a los medios de transporte utilizados por tan notables huéspedes, fue ejemplo de la grandeza hospitalaria derrochada por el señor de Sanlúcar. En cuanto al abastecimiento, nos cuentan los cronistas de la época, se enviaron 10 carretadas de sal de las salinas ducales, 500 barriles de escabeches de lenguados, ostras y besugos, sin contar otros 1.900 barriles que habían llevado de Sanlúcar con diferentes pescados regalados, y entrando, además, cada día, un total de casi 500 arrobas de pescado fresco y seis cargas de nieve procedentes de las sierras de Ronda. De diferentes partes se enviaron puntualmente 50 cabritos, 400 perdices y conejos, 1.000 gallinas y 500 pollos. De Sanlúcar y de El Condado de Niebla se llevaron 100.000 huevos y 600 cabras paridas que producían 20 arrobas de leche diarias para elaborar natas y postres. Y llegarían, además, 80 botas de vino añejo, gran cantidad de vino de Lucena y bastardo; 10 botas de vinagre; 200 jamones; 100 tocinos; 400 arrobas de aceite; 1.000 arrobas de agua del Caño Dorado de Sanlúcar; 300 arrobas de uva, orejones, dátiles y otros frutos; 60 arrobas de salmón; 50 arrobas de manteca de Flandes; 500 palmas de manteca de vaca fresca y 800 de la de puerco; 300 quesos de Flandes; 400 melones; 1.000 barriles y botijas de aceitunas: 50 arrobas de miel; 200 arrobas de cajas de conservas cubiertas y almíbares; 8.000 naranjas dulces y agrias; 3.000 limones; mucha especiería de todo género, etc., etc., etc.

De las pesquerías y almadrabas del duque se surtió de pescado fresco al rey y a su séquito. Y a pesar de la época del año, se hizo un enorme esfuerzo para conseguir que las frutas fueran lo más variadas posible.

Por el carácter solemne de aquella ocasión fue obligada la disposición de lo mejor en vajillas, cubiertos y menaje requeridos por la importancia de aquellos huéspedes del señor de Sanlúcar. Y mucho más por tratarse de una excepcional oportunidad para que la Casa de Medina Sidonia pudiese mostrar su esplendor y grandeza ante lo más granado de la nobleza española. Ante la insuficiencia de la plata adquirida hubo de emplearse toda la que poseía el duque, comprándose además platos y fuentes de porcelana, vidrios, cubiertos, manteles y otros muchos efectos, e incluso hubo de pedirse prestadas vajillas a varios vecinos de Sanlúcar y a muchas familias cercanas al entorno ducal. Además de los comedores, para atender gastronómicamente a tan numerosos huéspedes estuvieron abiertos permanentemente unos bodegones en los que a modo de «barra libre» se podía tomar a cualquier hora lo que se quisiese.

Un acercamiento a la dieta conventual en la Sanlúcar de principios del siglo XIX, nos lo proporciona el historiador Jesús Vegazo Palacios, en su obra *Fuga Mundi* (2023), donde estudia los conventos de clausura masculinos de la ciudad en tiempos de la Desamortización. Referido al sanluqueño convento de Santo Domingo, dice así el profesor Vegazo:

Desde el regreso al convento en julio de 1814, los dominicos improvisaron tres comidas, la última sin pan. El aceite se asociaba más a combustible para lamparillas y candiles del convento y de la sacristía que a ingrediente de guisos, asados y frituras. En todo caso, el aceite de oliva provenía de la molienda del viejo molino de Trebujena. Los desembolsos en sal se incrementaron en 1819 como conservante para evitar la putrefacción de las viandas transportadas. El precio del vino aumentó notablemente entre 1818 y 1819 y se usaba en la consagración litúrgica y para consumo propio. Las hogazas de pan era base de la dieta alimenticia dominica, absorbiendo gran parte de la compra. El cerdo (carne, tocino y jamones), pollo y pavo remataban el menú diario. No refieren gastos en huevos, aves de corral (gallinas), leche de vaca o de cabra, queso, cordero, cabrito, vaca, ternera, etc., aunque no debe deducirse que no se consumieran.

El pescado, con dominio abrumador del bacalao por estar salado y mejor conservado en las orzas de la despensa, era degustado con asiduidad, aunque paradójicamente sin presencia del atún y de otros pescados del litoral gaditano. El potaje de garbanzos con bacalao era el guiso estrella como pescado en salazón, ingrediente ideal ante la prohibición de comer carne durante los días de recogimiento que marcaba la Cuaresma y la Semana Santa.

La nutrición conventual se completaba con cebollas, ajos, pimientos, lentejas, arroz y frijoles. Sorprende el escaso consumo de frutas, aunque a juzgar por la documentación consumían higos y, en frutos secos, excepcionalmente castañas. Cabe la posibilidad de que se nutrieran de naranjas, limones y granadas de los más de cien árboles cultivados en el huerto Santo Domingo, lindante con los muros del convento.

Tampoco faltó en Sanlúcar el refinamiento de la cocina francesa, llegada de la mano de Antonio de Orleans, duque de Montpensier, cuando a mediados del siglo XIX estableció en la ciudad su corte de verano. Un dato anecdótico nos informa de que el duque en su juventud fue testigo presencial junto a sus padres, los reyes Luis Felipe y María Amelia, de la creación fortuita de las patatas *soufflées*. Resulta, que en 1837. los monarcas franceses inauguraron la línea férrea de París a Saint-Germain-en-Laye, estando previsto que entre los platos del menú que se serviría tras aquel acto, se incluyese un *steak de surlonge garni de pont neuf*, que no era otra cosa que filete de solomillo con nuestras clásicas patatas fritas. A la hora indicada para aquella comida, el chef se puso a freír las patatas cuando se le notificó que el tren inaugurado que transportaba a Luis Felipe y su comitiva sufriría un retraso. El cocinero retiró las patatas de la sartén, volviéndolas a poner al fuego cuando los reyes y sus invitados empezaban a dar cuenta de las primeras viandas. Al ver que las patatas se habían reblandecido, las continuó friendo a fuego muy vivo comprobando que se inflaban al modo de buñuelos de viento, consiguiendo aquel cocinero por un capricho de la casualidad, un gran descubrimiento gastronómico que fue unánimemente aplaudido por tan selectos comensales.

Montpensier estuvo habituado desde su infancia a las exquisiteces de los mejores chefs franceses, entre ellos el gran Nicolás Foyot, el último de los cocineros reales, quien, en 1848, a la caída de la monarquía, abrió al público uno de los más prestigiosos restaurantes de París. Por cierto, a Foyot se le debe la salsa de su mismo nombre, una variante de la salsa bearnesa a la que se añade un caldo reducido de pescado o carne.

Con los antecedentes vividos por Montpensier en la excelencia gastronómica, primero del Palais-Royal de los Orleans y más tarde de Las Tullerías durante el reinado de su padre, era lógico que el duque invitase a su palacio de verano, en fechas muy señaladas, a sus amistades sanluqueñas y les obsequiase con unos menús de especialidades de la alta cocina francesa, que comprendían *apéritif*, *entrée* o *hors d'oeuvre*, *plat principal* o *plat de résistance*, *fromage* y *dessert* en el que los nombres de los platos aparecían impresos en su idioma original y que, sin duda, serían imitados con desigual acierto por las cocinas de las grandes casas de Sanlúcar. Sin embargo, la esposa de Montpensier, la infanta María Luisa Fernanda, debió ser mucho menos exigente que su marido en asuntos de comida. De ella conocemos su predilección durante el tiempo de la Cuaresma de las patatas con bacalao y chícharos (guisantes) «como las hacen en Sanlúcar», según nos dice Fernán Caballero en una carta, fechada en 1868, que la escritora tan amiga de los duques dirige a Miguel Velarde, el ayudante de campo de Antonio de Orleans.

Coincidiendo con la llegada de la familia Montpensier a Sanlúcar, se empiezan a celebrar en la playa las carreras de caballos que hoy, tras su declaración como Fiesta de Interés Turístico Internacional y como candidata a su inclusión en la Lista Representativa del Patrimonio Cultural Inmaterial de la UNESCO, gozan de general fama y trascendencia. Las tradicionales meriendas en los palcos del primitivo recinto hípico de Bajo de Guía, durante el desarrollo de los programas de carreras, fueron un excepcional escaparate de la gastronomía doméstica de Sanlúcar. La preparación de aquellas meriendas suponía un auténtico acontecimiento entre las familias titulares de los palcos, cuyo avituallamiento llegaba a originar actitudes de seria competitividad por demostrar a los invitados el mejor de los tonos obsequiosos.

Huevos condimentados de mil maneras, medias noches con el mejor jamón, carnes elaboradas con gelatinas, agujas de ternera, croquetas, preparados de frutas con mariscos, emparedados de todo tipo, amplia selección de la más fina pastelería..., son solo algunos ejemplos de un catálogo de recetas familiares capaces por sí solas de generar todo un completo tratado culinario específico de aquellas meriendas en las tardes de carreras. Muy populares en la mayoría de los palcos del hipódromo de Bajo de Guía, fueron las empanadillas llamadas «al galope», a cuya masa elaborada con garbanzos cocidos y triturados se le añadía almendra molida y azúcar.

Los palcos fueron un espléndido escaparate vinatero en el que estaban largamente representadas las mejores y más caras marcas de vinos de todo el Marco de Jerez. En ellos se ofrecían los más excelentes amontillados y olorosos, incluidas las excepcionales reservas no comercializadas, siendo también habitual que en los palcos de mayor postín, se descorcharan las más prestigiosas marcas de champán francés. Con el paso de los años, ya muy avanzado el siglo XX, la manzanilla iría ampliando su presencia en las carreras hasta llegar a erigirse en el vino, prácticamente, exclusivo que se ofrece hoy en los palcos del recinto hípico de Las Piletas, donde las antiguas meriendas han dado paso a unas reuniones nocturnas que siguen manteniendo su marcado carácter gastronómico.

Aunque muchos palcos se distinguieron por la esplendidez de sus meriendas, la palma de tanta maravilla culinaria correspondía hace un siglo al de Carlos Piñar y Pickman, un sevillano tan buen conocedor de Sanlúcar que incluso llegó a organizar por propia iniciativa el sistema de circulación viaria de la ciudad. Célebre fue el *cup* elaborado con vino de Rioja, champán, algunos licores y frutas troceadas, servido en copa muy fría, con el que Piñar sorprendía a sus invitados antes de que se iniciase la degustación de la excepcional muestra gastronómica con la que les agasajaba.

La historiadora y americanista sevillana Enriqueta Vila Vilar, recordaba en una «tribuna abierta» de *ABC*, publicada el 3 de agosto de 2011, sus vivencias en las carreras de caballos de Sanlúcar y nos hablaba de los palcos del hipódromo de Bajo de Guía:

> Hace exactamente sesenta años que fui por vez primera a las carreras. El recorrido entonces era inverso al actual y la meta estaba en Bajo de Guía, donde los bodegueros ponían unos palcos, diez o doce a lo sumo, en la misma playa, con palos y chamizo, pero con la misma finalidad de las actuales elegantes carpas: obsequiar a los visitantes con manzanilla, ricos aperitivos preparados en sus casas y la elegancia y la acogida que son la seña de identidad de los sanluqueños. Cuando terminaba la última carrera se ponían los manteles y comenzaba la

fiesta social que terminaba casi siempre en Casa Juan o en un flamenquito organizado por la gente más joven.

Cuando en los albores del siglo XX, Sanlúcar va afianzando su prestigio como el gran centro vacacional del sur de España, crece la nómina de establecimientos de restauración pública especialmente dirigidos a la atención y el disfrute de quienes eligen a la ciudad para sus largas estancias veraniegas. Son los años en que Bajo de Guía empieza a ofrecer una cocina marinera que, pasado el tiempo, erigirá al antiguo y famoso barrio de pescadores en el gran centro gastronómico que es hoy. Por entonces es el *Restaurant de Guía*, más conocido por el apellido de su dueño, Lagares, el que iría marcando la pauta de una excepcional oferta de mariscos y guisos marineros que se amplía y que sería seguida, en los siguientes años, por muchos otros hosteleros.

Ya en el último tercio del siglo XIX, en el número 7 de la calle Santo Domingo, el *Nuevo Hotel Sanluqueño* de Andrés de la Fuente, ofrecía a «viajeros y bañistas», en «mesa redonda» o «a la carta», una excelente selección de tradicionales platos locales. Una buena cocina a la que en los años siguientes se suman la elegancia de restaurantes como el acreditado *El Número 2*, un establecimiento de larga trayectoria con su comedor al aire libre, en la calle Cervantes, durante los meses de verano, o el *Nuevo Colón*, lugar de moda durante unos años donde se celebran banquetes y homenajes de altura. Junto a ellos, los comedores de hoteles como el selecto *Los Cisnes*, que era sucursal veraniega del establecimiento jerezano de igual nombre, o el *Hotel Lagares*, cuyo propietario Manuel Lagares fue el más activo empresario hostelero de Sanlúcar por aquellos años, atendían con sus cartas al público más exigente en asuntos gastronómicos.

Durante los meses de verano la oferta restauradora se amplía considerablemente para atender a la creciente colonia de veraneantes. En su libro *Arquitectura del veraneo y su época en Sanlúcar de Barrameda (Cádiz). 1900-*

1950 (2011), la historiadora Ana Gómez Díaz-Franzón nos ilustra con todo lujo de detalles sobre aquellos establecimientos de temporada y arquitectura efímera, señalándonos el gran prestigio de que gozaba el restaurante *Viena-Miramar*, a pie de playa, dirigido durante veinte años por el gran cocinero jerezano Pepe Caballero.

De tan dilatado devenir, con su cúmulo de costumbres, modos e influencias, ha resultado la actual cocina sanluqueña, a la que podemos definir, tanto la practicada en los cotidianos fogones domésticos, como la que se ofrece en las cartas de los establecimientos de restauración, como una cocina de carácter tradicional, rotundamente mediterránea, rigurosamente de mercado y de temporada, y que ha sabido preservar su memoria a lo largo del tiempo. La cocina de Sanlúcar de Barrameda está fuertemente arraigada en la culinaria popular que, paradójicamente, comprende un buen número de platos conceptualmente modernos, que hace uso de productos tanto autóctonos como adoptados que determinaron una forma de alimentarse con lo que se tenía a mano, poco o mucho, y cuyos modos cocineros encierran en sí mismos la larga y rica historia de las tierras del Bajo Guadalquivir vecinas a Doñana. Si a esto unimos la especialísima dotación de un pueblo para practicar eso que llaman «cultura de la vida», amén de una acusada sensibilidad, no es de extrañar que estos valores hayan quedado igualmente reflejados en una cocina deliciosamente abastecida por los magníficos productos del campo y del mar de Sanlúcar.

LA DESPENSA SANLUQUEÑA

En una visita a Sanlúcar es de obligación ineludible acudir por la mañana a su Mercado Municipal de Abastos, un lugar especialmente animado donde los pregones de los «placeros» ofreciendo a viva voz sus productos, se confunden con los murmullos de una abundante clientela atraída tanto por la enorme variedad como por la calidad de lo que en él se oferta, configurando todo ello una atractiva estampa de gran colorido popular.

El mercado de Sanlúcar, que pasa por ser uno de los más interesantes del sur español, ocupa un edificio colindante con los jardines escalonados del Palacio Ducal de Medina Sidonia, en pleno corazón histórico de la ciudad. Fue inaugurado en el año 1744, durante el reinado de Felipe V, en principio para acoger principalmente a las carnicerías dispersas por la ciudad, recibiendo el nombre de «Plaza de San Lucas» en honor del patrón local. Tras sucesivas reformas y ampliaciones que acondicionaron con mayor comodidad y amplitud la acogida de los puestos de pescado, de frutas, de verduras y de todo tipo de comestibles, el mercado sanluqueño ha logrado conservar hasta la actualidad su fisonomía primitiva, complementada con los imprescindibles adelantos técnicos que son requeridos en este tipo de instalaciones para ofrecer en las mejores condiciones la variada despensa de Sanlúcar, compuesta por la producción de sus ubérrimos campos de arenales y por una selecta y variada pesca procedente de las subastas vespertinas en la Lonja del Puerto Bonanza.

Mercado municipal de abastos de Sanlúcar de Barrameda

El campo y el mar de Sanlúcar

El trabajo del labrador ha proporcionado de siempre a los sanluqueños verduras, legumbres y frutas de una calidad extraordinaria. En el panegírico *La Charidad Guzmana*, al que ya nos habíamos remitido en el capítulo anterior, su autor, fray Pedro Beltrán, también nos informa de la variedad de productos agrícolas que se recolectaban en la Sanlúcar de los siglos XVI y XVII. Desde la acelga a la zanahoria, son 58 las plantas y árboles frutales que, a título de ejemplo, versifica en octosílabos el docto dominico. De las labores del agricultor sanluqueño nos dice:

> *Jamás aquí el hortelano*
> *ha visto enjuta su frente*
> *sudando invierno y verano*

cuidadoso y diligente
sobre la azada y la mano.
En aquesto se desvela
criando en su hortezuela
flores, frutas, miel y azúcar
sólo para que Sanlúcar
gaste, goce, coma y huela.
Tierra de milagros llena
y el más claro y manifiesto
es que su ribera amena
nace entre arena todo esto
y hay de todo más que arena.

Por estos versos en los que Fray Pedro hace referencia al trabajo agrícola en los campos de arenas, deducimos que alude a los *navaceros*, los labradores sanluqueños tan afanosos por cultivar sus minúsculas propiedades excavadas entre las dunas costeras y alentadas por el agua del subsuelo, una genuina actividad agrícola a la que nos referiremos más adelante.

Datos fiables sobre la agricultura sanluqueña de otros tiempos nos son proporcionados por algunos tratados históricos y, muy especialmente, por las *Respuestas Generales del Catastro de Ensenada* de 1752. Esta fuente documental nos informa de las tierras productivas de Sanlúcar y nos dice «que no hay en el término otras tierras de regadío que las huertas que se riegan por noria, y de secano, de sembradura, viñas, olivares, arboledas, frutales, cohombrales, pinares, montebajo, pastos y armajos en las marismas». También se nos indica en las Respuestas Generales la relación de los más importantes productos proporcionados por el campo sanluqueño: hortalizas, naranjas dulces y agrias, uva blanca, aceite, toda especie de frutas, trigo, cebada, garbanzos, habas, alberjones, yeros, sainas, habichuelas, frijoles, chícharos, miel y seda. En los campos de La Jara eran abundantes los frutales de secano como perales, ciruelos, albérchigos, almendros y los silvestres azofaifos.

Un dato que nos revela el catastro de Ensenada era la existencia en la Sanlúcar del siglo XVIII, de hasta 660 aranzadas de tierras dedicadas al olivar, así como de cinco molinos en funcionamiento, con una producción anual de aceite estimada en casi 100.000 kilogramos. Un siglo más tarde, según nos dice Fernando Guillamas y Galiano, el coronel retirado del Cuerpo de Ingenieros que acompañaba al duque de Montpensier en sus estancias sanluqueñas, el olivar quedaba reducido a 302 aranzadas, prácticamente a la mitad. Con el paso de los años esta superficie oleícola iría reduciéndose de forma paulatina ante el avance de la más predilecta plantación de viñedos, quedando el olivar sanluqueño relegado a una situación prácticamente testimonial.

Otro sistema de cultivo en régimen agrícola intensivo y de gran rendimiento practicado en Sanlúcar fue el de huerta, también fundamentado en el agua del subsuelo, aunque en el caso de la horticultura, esta agua era alumbrada mediante un pozo artesiano del que se elevaba con la noria hasta una alberca para desde ella ser distribuida mediante canales y acequias por las plantaciones de repollos, berenjenas, alcauciles, coliflores y patatas. De las huertas que en otro tiempo circundaban Sanlúcar apenas si nos resta la memoria de nombres evocadores como La Zorra, Sanlúcar el Viejo, El Palomar, San Cayetano, La Lechera, Quinta de los Montañeses, Quinta de la Paz, El Desengaño, Iraola, Huerta Grande..., el recuerdo de sonidos de agua y la imagen, ya casi desdibujada, de plácidas umbrías de granados, higueras, naranjos y limoneros. «De huertas —nos informa Guillamas en su *Historia de Sanlúcar de Barrameda* (1858)— hay 73 aranzadas, y de naranjales 14, las cuales se hallan esparcidas en diferentes pagos alrededor de la población, y son sitios sumamente deleitosos para pasear y disfrutar de la agradable temperatura que producen los riegos y la sombra de los árboles, pues el de frutal asciende a 3.457 pies, y el naranjal a 10.150: todas las frutas que producen son de calidad excelentísima y gozan de una reputación bien merecida en todos los pueblos limítrofes donde se consumen, y la naranja es muy estimada de los extranjeros, para donde se exporta, y su producto es bastante considerable».

El marinero, junto al labrador, es el otro gran abastecedor de alimentos que ha dotado de carácter la magnífica despensa sanluqueña. Muy decaída la pesca debido a una flota empequeñecida, a la escasez de tripulaciones y al agotamiento de los caladeros, la preocupación por revitalizar esta actividad a principios del siglo XIX, se debe a la Real Sociedad Económica de Amigos del País y a su director, Lucas Marín y Cubillos, a quien ya conocimos por haber sido el introductor del cultivo de la patata en los *navazos* sanluqueños.

En aquel tiempo el método de pesca practicado por los marineros de Sanlúcar era el llamado *arte del bou*, realizado por *barcas parejas*, cuyas redes arrastradas por el fondo marino dañaban los viveros naturales de peces, siendo esta una de las causas de esquilmación de los caladeros. Este asunto llegaría a enfrentar a los pescadores de puertos vecinos con los hombres de la mar de Sanlúcar, a quienes culpaban como únicos responsables de la escasez de pesca. Al mismísimo Manuel Godoy, a través de Marín y Cubillos, hubieron de recurrir los pescadores sanluqueños para que el todopoderoso ministro de Carlos IV, les apoyase en el que consideraban su derecho a practicar la pesca por el *bou*.

Desde tiempo inmemorial, el pescado fue el alimento básico de los habitantes de Sanlúcar, el plato universal del pueblo llano que también accede a las mesas de los más pudientes en tiempos de Cuaresma y vigilia. Juan Pedro Velázquez Gaztelu, regidor municipal e historiador ilustrado, escribe a mediados del siglo XVIII que Sanlúcar, «como puerto de mar donde siempre se ha pescado con abundancia, no hay duda que sería siempre, como hoy, el más ordinario alimento de sus vecinos».

Pesqueros en el puerto de Bonanza

No es de extrañar que la ciudad, tan dependiente de sus comunicaciones marítimas, tan abierta al horizonte oceánico, haya poseído desde siempre una importante nómina de pescadores que conocen a la perfección las diferentes artes de pesca: almadraba, cazonal, arte de lavada y de corredera, cerco, palangre, trasmallo, cordel, arrastre, parejas o arte del bou, arte de dentones, tarraya... Y a lo largo de la historia no serían pocos los sanluqueños dedicados al marisqueo, a la pesca en el Guadalquivir o a la captura del pescado de piedra. Hasta 113 eran las especies marinas que, según nos dice Fray Pedro Beltrán en su ya repetidamente citado manuscrito *La Charidad Guzmana*, eran capturadas por los pescadores sanluqueños que siempre supieron distinguir entre los pescados y crustáceos de mayor calidad —acedía, lenguado, baila, urta, lubina, robalo, rape, corvina, sargo, merluza, langostino, gamba...— de los más endebles. Y hasta hubo un tiempo en que nuestros pescadores capturaban gigantescos esturiones en las aguas del Guadalquivir, hasta que esta especie marina dejó de desovar en nuestros contornos fluviales hace prácticamente un siglo.

La gran abundancia de mariscos siempre supuso un alivio durante las tan repetidas etapas de crisis. Estas circunstancias de mayor dificultad económica eran solventadas por muchos sanluqueños con las ganancias que les reportaba la captura de cangrejos, lapas, almejas, burgaos o muergos, durante las bajamares. En ocasiones, cuando las salidas a la mar no eran propicias debido a las malas condiciones meteorológicas, muchos pescadores —los que fueron conocidos como *riacheros*— buscarían su sustento en el río capturando camarones y anguilas. Otros, arrostrando los sinsabores y las dificultades que acarreaba el estar hundidos en fango hasta las rodillas cuando el sol apenas había despertado, se dedicarían a la recolección de coquinas durante las bajamares.

Para su conservación, el pescado de Sanlúcar se manipulaba de acuerdo con la costumbre. Los cazones, siempre tan abundantes en la costa sanluqueña, se abrían y limpiaban antes de ser secados al sol, preparándose de esta forma el llamado *tollo*, muy demandado por aquellas congregaciones religiosas, muy numerosas por entonces en Sanlúcar, que vivían en estado permanente de Cuaresma. Otras especies se ahumaban, con la condición expresa de utilizar este método de conservación inmediatamente después de su captura, o se adobaban. Y los más se vendían en fresco en la pescadería.

La extendida costumbre sanluqueña de ahumar el pescado para su conservación, especialmente la sardina de mejor calidad, originó el nombre de Humeros con el que fue conocido el antiguo barrio de pescadores de La Balsa, situado en las inmediaciones de la playa, al final de la actual calle Pérez Galdós en su confluencia con Banda Playa. Básicamente, el proceso de ahumado practicado en Sanlúcar, consistía en extraer del pescado fresco parte de su contenido acuoso e impermeabilizarlo con el humo, siguiendo los siguientes pasos: preparación y limpieza de los pescados, salazón, secado, ahumado y enfriamiento a la salida de los hornos.

Subasta de pescado en la Lonja del Puerto de Bonanza

Una fórmula para adobar el pescado, muy utilizada en Sevilla desde el siglo XIV, en la preparación de los albures del Guadalquivir, fue también adoptada por los pescaderos sanluqueños. En este sistema de adobo popularizado en la ciudad hispalense por el médico Juan de Aviñón, se utilizaba salsa de agraz con canela, guisándose el pescado con vinagre, comino, sal, culantro, azafrán, cebolla, clavo y jengibre. En el siglo XVIII, según nos dice Velázquez Gaztelu, el proceso de adobo o escabechado del pescado que desde Sanlúcar se enviaba a otras localidades, era el siguiente: «Se fríe el pescado y se envasa en orzas o barriles, derramándoles cantidades determinadas de un adobo compuesto de buen vinagre, sal en cantidad moderada, laurel, tajadillas de limón, espolvoreo de pimentón, orégano y nuez moscada».

En el título 17 de las Ordenanzas del Estado de Medina Sidonia, recopiladas en 1620, por orden del VIII duque don Manuel, se trata *Del pescado y cómo se debe vender*. Por estas ordenanzas se obligaba a vender siempre en la pescadería, a excepción del atún que llegaba a Sanlúcar en barriles y del que se permitía su venta en algunas casas particulares de la población. En cuanto a los precios del pescado, eran fijados por la Justicia y diputados del mes. Por las ordenanzas ducales conocemos que los lenguados se vendían por docenas; que se prohibía que hubiera regatón de pescado fresco, permitiéndose únicamente la reventa del pescado secado al sol, como el *cicial* de merluza y el *tollo* de pez lija, y que era obligatorio el mojar el pescado en agua dulce, limpia y clara, debiendo escurrirse al menos durante una hora antes de ser pesado.

En 1651 se construyó una pescadería en el barrio de La Balsa, cerca del lugar donde se subastaba la pesca desembarcada de las tartanas, los barcos de pequeño porte y vela latina tan usados para las faenas marineras en Sanlúcar durante el siglo XVII. Con la nueva pescadería que habría de permanecer en el mismo edificio hasta que en 1888 se incorporó al Mercado de Abastos, se terminaba con los problemas derivados del descontrol que suponía la dispersión de la venta de pescado por toda la ciudad.

El antiguo dicho de que a Sanlúcar se iba a *por atún y a ver al duque* ha quedado perpetuado como extendida frase de uso común utilizada cuando nos referimos a hacer algo con doble finalidad o a alguien que pone un pretexto para disimular u ocultar a terceros sus verdaderas intenciones. El atún, procedente de las almadrabas que los Medina Sidonia explotaban en Conil y Zahara por antigua concesión de Sancho IV a los primeros Guzmanes, llegaba a Sanlúcar en barriles de gran capacidad. Aún permanece el nombre de Chanca dado a una pequeña calle del Barrio Bajo sanluqueño para rememorar el trabajo de los chanqueros locales que preparaban para su venta las diferentes partes —ijada, lintada, solomillo, lomo, morrillo, contramorrillo, tronco, espineta, ventresca, cola o tarantelo— proporcionadas por el buen *ronqueo* de este pez del que todo, como en el cerdo, es aprovechable.

Pesca de «corral» y agricultura de «navazo»

Un tipo de pesca complementario era el aportado en Sanlúcar por los llamados *corrales de pesquería*, ingenioso sistema posiblemente originario de la última etapa romana y cuya práctica solamente es posible en lugares costeros donde la diferencia entre pleamares y bajamares es considerable como es el caso de la costa noroeste de la provincia de Cádiz.

Cultivo en navazo

Básicamente, un *corral de pesquería* es una barricada de forma irregular, aunque muy a menudo semicircular, construida con piedras, estacas, conglomerados de moluscos, valvas de ostras y piedras porosas, que alcanzaban una altura máxima cercana al metro y medio en su parte más introducida en el mar. Dispuestos desde la arena de la orilla, los corrales están situados en la zona de playa que queda cubierta con la subida de la marea. Cuando se inicia la pleamar su inunda el corral, llenándose de peces que quedarán atrapados dentro de los límites corraleros al producirse la bajamar y desaguarse el recinto a través de rejillas o *zarzos* fabricados con sarmientos de vides. Este es el momento que aprovechan los pescadores corraleros o *cataores* para proceder a la captura de los peces acorralados mediante la red llamada *tarraya* o *esparavel*, manejada con el arte que un torero utiliza con el capote, como tan gráficamente dijera Toto Barbadillo. Otros tradicionales útiles para el trabajo de los pescadores corraleros son una especie de tenedor de cinco dientes llamado *francajo*, el garfio o *garabato*, el tridente y el llamado *cuérvano*, una cesta enrejada utilizada para depositar y transportar la pesca. Lógicamente, al producirse los *aguajes* o mareas grandes de muchos grados, es cuando se dan las condiciones óptimas para una buena pesca en el corral. Por el contrario, cuando se producen *quebrás* o mareas muertas de pocos grados, los resultados obtenidos suelen ser poco satisfactorios.

Los corrales de la costa de Sanlúcar, donde se podían capturar chocos, acedías, lenguados, urtas, langostinos, almejas y otras muchas especies marinas, alcanzaron cierta importancia económica durante siglos pasados hasta que sufrieron los efectos del maremoto que siguió al terremoto de Lisboa de 1755. De los cinco corrales que existieron en Sanlúcar, únicamente tres pervivieron a aquel desastre natural: el Corral Grande, también llamado Corral del Gallego, en la Punta de Montijo, límite con el término de Chipiona; el Corral del Espadero Juan Martín y el Corral Nuevo, más conocido por los nombres de Corral de Marín o de Merlín. Este último, restaurado hace unos años por iniciativa de la gran pintora Carmen Laffón, es el único que ha quedado en la costa sanluqueña como vestigio de una actividad de gran interés antropológico, habiendo sido inscrito en el Catálogo General del Patrimonio Histórico Andaluz por resolución de 13 de noviembre de 1995, de la Dirección General de Bienes Culturales de la Junta de Andalucía.

Si el *corral de pesquería* fue una singularidad marinera practicada en Sanlúcar, el sistema de cultivo autóctono conocido como *navazo* es su equivalente agrícola. El cultivo en *navazos*, práctica habitual en la agricultura sanluqueña desde mucho tiempo atrás, experimentó un gran empuje a finales del siglo XVIII, por iniciativa, de nuevo, de la Real Sociedad Económica de Amigos del País de Sanlúcar de Barrameda. En un discurso leído en aquella institución, el 30 de noviembre de 1803, Francisco Amorós, secretario de S. M. y oficial de la secretaría del Despacho Universal de la Guerra, alude a los *navazos* sanluqueños y dice que en ellos se consigue «la vegetación más rápida y abundante que pueda ofrecer la huerta mejor cultivada». Amorós se refiere a los *navazos* que por entonces se cultivaban en los arenales situados en la franja litoral de más de 4 kilómetros de longitud, comprendida entre las cercanías del castillo del Espíritu Santo, hasta pasado el puerto de Bonanza y comenta:

> Pueden cogerse dos cosechas en el discurso del año, y cada una de tres frutos: la primera en verano y otoño, y la segunda en invierno y primavera. En cada una de ellas ponen casi al propio tiempo los tres frutos que han de cultivar, escogiéndolos entre aquellos que tienen una vegetación gradual y progresiva, de forma que crezca el primero prontamente, y cuando se recoja vaya descollando el segundo, y suceda lo propio con el tercero así que su predecesor haya llegado a dar todo su fruto. Los que se producen generalmente son estos: maíz, patatas, lechugas, guisantes, habas, cebollas, tomates, coles, calabazas, melones, sandías y toda clase de hortalizas; pero de una magnitud monstruosa, que admira, y de un sabor tan delicioso y de unas cualidades tan suaves, que agradan infinito. Hay coles que pesan 26 libras, melones que llegan a 40 y calabazas que pasan de 4 arrobas. El producto de las cosechas de dichos navazos es tan grande, que después de proveer al abasto de Sanlúcar, salen continuamente barcos colmados de frutos para el consumo de Cádiz y su Bahía.

Unos años antes, Juan Sánchez Cisneros, miembro de la misma Real Sociedad Económica de Amigos del País donde Amorós lee su discurso, había escrito sobre tan curioso y rentable sistema de cultivo en un artículo titulado *Observaciones sobre los navazos de la ciudad de Sanlúcar de Barrameda*, publicado, en 1799, en el *Semanario de Agricultura y Artes dirigido a los Párrocos*. «En esta ciudad —escribe Sánchez Cisneros— llaman *navazos* a unos arenales áridos inmediatos a las playas del océano que cultivan sus vecinos con acierto y utilidad, transformándolos en hermosos huertos que surten de berzas y legumbres a la ciudad de Cádiz y pueblos de su partido. El que no está acostumbrado a ver y observar semejante clase de cultivo en arena pura, tendrá por ilusión y sueño cuanto se le diga acerca de su conversión en tierra pingüe y abundante por medio del abono y laboriosidad de aquella clase de labradores».

El sistema de cultivo en *navazos* fue resultado de la unión del ingenio y el esfuerzo del agricultor sanluqueño para conseguir su sustento, mostrándose además como una forma magnífica para fijar las dunas costeras que amenazaban el interior de la población al ser impulsadas por la fuerza del viento de Poniente. En el opúsculo *Cultivo de las arenas voladoras por medio de navazos*, publicado, en 1888, con motivo de la celebración de la Exposición Universal de Barcelona, su autor, el ingeniero de montes Salvador Cerón, hace referencia al singular sistema de cultivo sanluqueño, incluso especulando con su origen:

> En Sanlúcar de Barrameda, en que con más perfección se cultivan los navazos, se abrieron estos dentro de los arenales que median desde el castillo del Espíritu Santo hasta el pinar de la Algaida, pasando por el puerto de Bonanza unos tres kilómetros de longitud por dos kilómetros de ancho, siguiendo la orilla del mar, en cuya zona se veían salpicados una serie de méganos de arena voladora, que arrastrada por los vientos del Oeste era conducida al caserío bajo de la población enterrando una calle entera, y amenazando la ruina del barrio bajo de la ciudad, por ser ineficaces todos los medios empleados para atajar semejantes estragos.

Cuando más se creía su pérdida, se logró por un medio indirecto sujetar las arenas casi repentinamente, consiguiendo al propio tiempo transformar aquel terreno estéril en el más productivo que acaso se conoce en los dominios de la agricultura, formando una serie de huertas que reciben el nombre de navazos.

Dado su gran rendimiento y la excelente calidad de los productos cosechados en los *navazos* de Sanlúcar, esta forma de cultivo despertó incluso el interés de extranjeros. «Ilustres viajeros de Europa —dice el ingeniero Cerón en el mismo opúsculo citado con anterioridad— han fijado su atención en los navazos del litoral gaditano, y especialmente en los de Sanlúcar, rindiendo el justo tributo de admiración al minucioso y bien entendido cultivo de los mismos. M. Lasterie, gran conocedor de las industrias agrícolas, ha sido el primer extranjero que de una manera concienzuda ha celebrado más el cultivo de navazos, y recogido muchos datos sobre este particular para enseñar a los franceses».

En síntesis, el *navazo* es un huerto excavado en los arenales hasta una profundidad cercana al nivel de la capa freática formada por las aguas de lluvia retenidas por arcillas impermeables del subsuelo. Lógicamente, el nivel del manto acuífero sufrirá ascensos y descensos a lo largo del año según sean las precipitaciones, alcanzando sus niveles más altos tras las lluvias de otoño y primavera, y el menor durante el seco y largo estío. Los propietarios de estos terrenos, los *navaceros*, siempre constituyeron una clase social con cierta cualificación y moderado poder económico, gente muy trabajadora que lograría solventar agudas crisis productivas en diversas ocasiones.

Los *navazos* más valiosos y de mayor pureza eran los situados en las arenas más cercanas a la playa. En ellos, el flujo de las mareas incidía de forma más efectiva en las subidas y bajadas del nivel del agua dulce del subsuelo, procurándole dos riegos diarios. Son los llamados *nava-*

zos de marea, que, además, podían realizar sus desagües directamente a la cercana orilla marina.

Según nos dice Fernando Guillamas, la superficie dedicada a *navazos* para producir hortalizas y papas a mediados del siglo XIX, ascendía a 265 aranzadas. En opinión de este ilustrado militar emérito, la producción de media aranzada de *navazo* bien cuidado era entonces suficiente para mantener al propietario y su familia, además de dar ocupación a varios jornaleros. La aranzada, la medida de superficie agraria que se utiliza en Sanlúcar, a diferencia de otras localidades en las que se usa la fanega, estaba compuesta de 425 estadales de cuatro varas cada uno, es decir, 6.800 varas cuadradas, lo que corresponde a una equivalencia aproximada de 0,475 hectáreas.

En el *navazo* se aprovecha toda su superficie, incluidos los *bardos* formados por las arenas sacadas de su interior. En la parte más elevada del *bardo* se plantan chumberas y pitas, ocupándose sus laderas, estabilizadas con *escarchosa* o «uña de gato», con vides y con frutales. La planicie de su interior, dividida en cuarteles delimitados por los pequeños canales de drenaje llamados *gavias*, se cultiva a golpe de azada para obtener las sucesivas cosechas que prosperan gracias al riego manual, planta a planta, con el agua proporcionada por el *tollo*, nombre que recibe el pozo por el que afloran las aguas subterráneas. El secreto del sistema de cultivo en *navazos* reside en el riego intensivo y en un abundante y permanente abonado a base de estiércol que convierten en productivas las estériles arenas cercanas a la playa. Y hasta podríamos afirmar que las características térmicas del *navazo*, resguardado por el *bardo* de los vientos dominantes de levante y de poniente en todo su perímetro, son cercanas a las de un invernadero.

Aunque en acentuada regresión debido a la expansión urbanística de Sanlúcar hacia el río y a su orilla atlántica, el tradicional cultivo en arenas aún pervive en los escasos *navazos* que han logrado permanecer como reliquias de una agricultura modélica. Pero a pesar del creciente peligro de extinción de este ancestral sistema de cultivo, el navazo parece tener un futuro muy prometedor. Al menos así lo cree Rafa Monge, un sanluqueño que, vuelto a casa después de muchos años de ejercer su profesión como ejecutivo en diversas empresas multinacionales, se hizo cargo de las tierras de labor familiares para dedicarlas al tradicional sistema de navazos, introduciendo en ellos cultivos innovadores con los que surte, bajo la marca *Cultivo Desterrado*, a un creciente número de restaurantes de alta cocina.

Heredera de la actividad *navacera* es el cultivo en arenas que se practica en la Colonia de Monte Algaida, ubicada en parte de los terrenos de la antigua posesión rural de La Algaida cuya propiedad fuera otorgada a la municipalidad en 1443, por el primer duque de Medina Sidonia, Juan Alonso Pérez de Guzmán, para quedar aquellas tierras como «monte de propios» de la localidad. Era aquel un lugar de abundantísima caza de pelo y pluma, y rico en agua donde en tiempos estuvo situado el famoso *navazo del Negro*, en el que Simón de Rojas Clemente dijo haber visto crecer de forma espontánea la rara variedad de vid *Virgiliana*, a la que el mismo botánico valenciano había bautizado con este nombre en honor del autor de las *Bucólicas*.

La Colonia Agrícola de Monte Algaida y el cultivo de «Arenas Finas»

La Colonia Agrícola de Monte Algaida es un núcleo de explotación agrícola que fue creado en aplicación de la Ley de Colonización y Repoblación Interior de 1907, debida a Augusto González Besada, ministro de Fomento, durante el llamado «Gobierno largo» de Antonio Maura. Con esta Ley se perseguían cuatro objetivos fundamentales: arraigar en la nación a las familias desprovistas de medios de trabajo o de capital, para subvenir a su sustento, disminuir la emigración, poblar el campo y cultivar tierras incultas o, deficientemente, explotadas. Y, de paso, calmar las reclamaciones obreras y evitar en lo posible los conflictos sociales en lugares de alta tasa de desempleo agrario como era Sanlúcar.

«La palabra Algaida con que se conoce esta dehesa —escribe Fernando Guillamas— procede del árabe, significa selva o bosque, y es uno de los puntos de este territorio más ameno y agradable por su situación, por la caza y por la infinidad de plantas odoríficas de que se compone su monte bajo y suelo, y es uno de los paseos más deliciosos que pueden hacerse, bien sea a caballo o en coche.»

Exposición de productos de Arenas Finas de Monte Algaida

La elección de Monte Algaida para crear en ella una colonia agrícola presentaba como gran ventaja su situación junto al río Guadalquivir. Esta circunstancia sería señalada en su día por el Ayuntamiento de Sanlúcar como un factor de suma importancia, ya que, por su navegabilidad, el río podía ser utilizado a través del cercano puerto de Bonanza como salida de los productos para ser llevados por vía fluvial hasta Sevilla, ciudad considerada entonces como el mercado natural de la producción agrícola de La Colonia. La creación de un ferrocarril de vía estrecha facilitaba el transporte de los productos hasta la estación de Sanlúcar-Pueblo para desde allí conectar con Jerez de la Frontera y la línea férrea de Cádiz a Madrid.

A su inauguración, en abril de 1914, Monte Algaida contaba con una superficie de 294 hectáreas, que eran explotadas por 196 colonos. Un siglo más tarde este enclave agrícola sanluqueño, muy ampliado con los terrenos de los Llanos de Bonanza y otras tierras aledañas, se extiende por una superficie superior a las 3.000 hectáreas, donde se practica una agricultura de tradición artesana a la que se ha dotado con modernas técnicas de regadío y avanzada maquinaria para la plantación y la recolección. En los suelos de La Algaida, compuestos en su mayor parte por arenales de playa, se llega a duplicar, e incluso a triplicar, las cosechas que se dan en otro tipo de terrenos gracias al sistema de agricultura hidropónica que aquí se practica, consistente en la continua aportación nutritiva a las plantas de los elementos que les son esenciales para su desarrollo en un suelo que es prácticamente estéril. Este cultivo en arena compuesta de sílice en su mayor parte, tiene como ventajas con respecto a otro tipo de suelos terrosos su facilidad para la aireación, una mejor retención del agua y mejor drenaje, ayudando a mantener el desarrollo saludable de las raíces y la eficiente absorción de nutrientes.

El aprovechamiento colectivo de las aguas públicas, superficiales y subterráneas para uso agrario en La Algaida y los Llanos de Bonanza está organizado a través de su Comunidad de Regantes, en la que los agricultores están agrupados con la finalidad de autogestionarse en la distribución del agua de riego de un modo eficaz, ordenado y equitativo entre sus miembros.

Monte Algaida, única colonia que ha logrado sobrevivir de las dieciocho que se llegaron a crear en España al amparo de la Ley de Colonización y Repoblación de 1907, es hoy un dinámico centro agrícola donde los llamados «colonieros» practican una «agricultura de primor», de alta rentabilidad económica y social, y que goza de un reconocimiento y prestigio tanto nacional como internacional dada la calidad y uniformidad de sus productos.

Tomates de Monte Algaida

La antropóloga Cristina Cruces Roldán nos dice en su trabajo *De la colonización a la «nueva agricultura». Evolución y dinámica de la agricultura familiar en la «Colonia Agrícola de Monte Algaida»* (1993):

> Sanlúcar nos interesa en este momento por la importancia que ha tenido para el asentamiento y posterior desarrollo de la «nueva agricultura» un proceso de colonización de principios de siglo, al que se une otro más reciente de entrega de parcelas de marisma concedida de forma masiva a la tercera y cuarta generación de aquellos primeros «colonieros». Especialmente en el primer caso, hallamos hoy un ejemplo de reconversión de pequeñas explotaciones

tradicionales en otras avanzadas y su desarrollo histórico revierte, por tanto, gran interés para el estudio de la evolución y adaptación de la agricultura familiar dentro del modo de producción capitalista.

En Monte Algaida se producen actualmente zanahorias, coliflores, boniatos, puerros, cebollas, nabos y patatas, además de productos hortofrutícolas cultivados bajo plástico como calabacines, pimientos, tomates, sandias o melones, que se comercializan a través de un desarrollado y bien gestionado cooperativismo bajo el distintivo de calidad *Arenas Finas*. Este distintivo fue creado en el año 2011, para promocionar y divulgar las características de los productos que resultan de la agricultura en los suelos predominantemente formados por arenas de Monte Algaida y Bonanza, zona consolidada en los últimos años como una de las principales exportadoras de productos hortofrutícolas de alta calidad de Andalucía.

La «papa de Sanlúcar»

La patata sanluqueña, popularmente conocida como *papa de Sanlúcar*, es el producto más representativo de la actividad agraria de La Algaida. Comercializada con el distintivo de *Arenas Finas*, la patata de Sanlúcar se caracteriza por su claro color exterior, forma regular y alargada, su piel fina y lisa, y blancura interior. El buen filtrado del suelo arenoso, salino, blando y bien abonado en que se cultiva este tubérculo, facilita que prospere con mucha facilidad, consiguiéndose dos cosechas anuales: la llamada «papa de temporada» o primavera, en el mes de abril, y la «papa de otoño», a finales de noviembre o principios de diciembre.

La *papa de Sanlúcar*, de general aprecio tanto en los mercados como en la hostelería, incluso en alta restauración, es en su mayor parte de la variedad *Spunta*, de sabor suave y *mantequilloso*, y cuya versatilidad, cuando son «nuevas», les hacen ser muy a propósito para hervir, hornear y freír, y para ensaladas, aliños y purés, en tanto las más viejas, conservadas durante un tiempo en cámaras, poseen una textura más adecuada para ser utilizadas en guisos. Las *papas de Sanlúcar* son fácilmente identificables en las verdulerías y fruterías donde se comercializan por llevar adherida en su piel restos de arena fina y rubia de playa en lugar de tierra.

Papas de Sanlúcar

La calidad y el prestigio de las patatas sanluqueñas llevó a la deplorable actitud de una empresa castellano-leonesa que intentó registrar en 2021 la marca «Papa de Sanlúcar», originando un pleito que fue ganado por el Ayuntamiento, institución que podía oponerse a aquel registro dado que se pretendía apropiarse ilegítimamente del propio nombre de la ciudad. Ante los posibles nuevos intentos de apropiación indebida que darían lugar a confusiones sobre la zona de cultivo del producto, las cooperativas de La Algaida avanzan en el registro de una marca y un distintivo propio como garantía de origen de la genuina *papa de Sanlúcar*.

Otro producto de gran presencia en La Algaida y los Llanos de Bonanza es el boniato o batata, un tubérculo descendiente del *camote* americano llegado a España a finales del siglo XV, de manos de Cristóbal Colón. Aunque de limitado cultivo hasta hace unos años, la «patata dulce» como también es conocido este producto, ha experimentado en los últimos tiempos un desarrollo espectacular hasta hacer de su zona de producción sanluqueña, donde el boniato se adapta magníficamente a sus arenales, la mayor zona productora de Europa. Cultivado de forma intensiva y dedicado en su mayor volumen a la exportación, son sus principales mercados, Alemania, Reino Unido, Holanda, Francia, Rumanía y Polonia.

Boniatos de Monte Algaida

El boniato, gracias a su versatilidad y a sus beneficios nutricionales —bajo en calorías, ausencia de grasas, rico en fibras y alta composición en hidratos de carbono— es un alimento de creciente popularidad en Europa, donde se consume en platos salados. Si bien su uso en la cocina española es sensiblemente inferior al del resto de países europeos, los sanluqueños han venido manteniendo al boniato, principalmente asado, en su dieta tradicional, siendo un producto que socorrió a la población en pasadas crisis de escasez alimenticia.

Monte Algaida. Recolección de la zanahoria

La también versátil zanahoria, de la familia de las umbelíferas, muy rica en vitaminas, es otro cultivo estrella de los arenales sanluqueños, conformando junto a la patata y al boniato, la tríada de productos de *Arenas Finas* que actualmente generan la mayor actividad económica de La Algaida y los Llanos de Bonanza. Producto de ciclo corto y de color intenso, la zanahoria sanluqueña, comercializada en ramillete, tiene sus principales destinos, aparte del mercado nacional, en Alemania, Holanda, Francia y Reino Unido.

La producción pesquera

De la desembocadura del río Guadalquivir y sus aledaños procede lo más selecto de la despensa marinera de Sanlúcar. Los diferentes estudios científicos llevados a cabo en esta zona marítimo-fluvial han puesto de manifiesto la importancia del estuario cuyas condiciones ambientales son básicas para el desarrollo de los alevines de la mayor parte de peces, crustáceos y moluscos que ya adultos habitan las aguas del golfo de Cádiz. Una orden ministerial de 1966, que declaraba el estuario como lugar de cría y engorde de especies marinas, ya reconocía su importancia para el mantenimiento del equilibrio ecológico de toda la zona. Años más tarde, en 2004, la desembocadura del Guadalquivir sería declarada Reserva de Pesca, estableciéndose sus límites geográficos, así como las actividades pesqueras permitidas, señalándose las artes de pesca autorizadas y las especies susceptibles de ser capturadas. La zona protegida abarca una superficie ligeramente superior a los 200 kilómetros cuadrados, comprendiendo toda la franja litoral del Parque Nacional de Doñana y el primer tramo del Guadalquivir.

La lonja del puerto de Bonanza, una de las más importantes de Andalucía por el volumen, calidad y valor de las capturas, está gestionada en régimen de concesión administrativa por la Cofradía de Pescadores de Sanlúcar de Barrameda. En ella se comercializa, por el tradicional sistema de «subasta a la baja», la producción pesquera de una flota compuesta por más de un centenar de embarcaciones dedicadas a las modalidades de arrastre de fondo, cerco, marisqueo y artesanal. Otra actividad pesquera dependiente de la Cofradía de Pescadores es el Centro de Depuración y Expedición de Moluscos y la comercialización de la chirla.

El ambicioso proyecto titulado «Posicionamiento estratégico del sector pesquero de Sanlúcar de Barrameda», realizado a finales de 2023, por la Cofradía de Pescadores con el apoyo del Ayuntamiento, pretende desarrollar un programa de acciones para la consolidación y sostenibilidad de la actividad pesquera local. El proyecto contempla acciones específicas de planificación estratégica para promover una nueva mirada hacia este sector económico, fomentando la conservación del entorno marino y la optimización de recursos «para así asegurar la sostenibilidad a largo plazo en un contexto complejo, cambiante y que supone un desafío total en el que la pesca debe tener un papel muy importante».

Langostinos en la Lonja de Bonanza

En la lonja de Bonanza se llegan a desembarcar hasta 150 especies distintas entre peces, moluscos y crustáceos, correspondiendo a una veintena de ellas más del 90% del volumen total de las capturas. Las más importantes especies de pescado que se comercializan en Bonanza son: el boquerón, la sardina, la caballa, el tapaculo, la merluza con sus diferentes nombres según su tamaño y edad —pescada, pescadilla y pijota—, la acedía, el lenguado, la corvina, el jurel, la chova, los cazones y la breca. La chirla, el choco, el pulpo de roca, el pulpo almizclado, la puntillita y el calamar, son los moluscos con mayor presencia en la lonja sanluqueña, en tanto las más importantes capturas de crustáceos corresponden a langostinos, gambas, galeras y camarones.

La sal, aparte de su utilización como sazonadora de alimentos, fue un producto fundamental para la conservación de la carne y el pescado y, de especial importancia, para la industria derivada de la pesca del atún de las almadrabas de Zahara y Conil. Para estos procesos de conservación de alimentos se utilizaba en Sanlúcar la sal de sus salinas situadas en ambas orillas del río Guadalquivir, con unas producciones cuya calidad, blancura y poder de salazón le harían gozar de una gran fama.

Las primeras salinas sanluqueñas, creadas en el Coto de Doñana durante los siglos XIV y XV, fueron pertenencia de los Guzmanes a cuyas arcas reportaban cuantiosas rentas. Más tarde, con objeto de seguir atendiendo las necesidades pesqueras y la creciente demanda americana, se crearon nuevas salinas en terrenos cercanos a La Algaida, en la margen izquierda del río. Entre ellas, las salinas de *San Carlos*, roturada por los jesuitas en el siglo XVIII, *San Diego* y *Santa Teresa*. Tras pasar por manos del Estado, estas salinas serían adquiridas por el bodeguero Eduardo Hidalgo Verjano, en 1883. Actualmente, la tradición salinera de Sanlúcar continúa vigente en las salinas de Bonanza, en cuyas modernas instalaciones se envasa un amplio catálogo de calidades de sal marina atlántica: flor de sal, de grano especial para cocinar a la sal, gruesa para cocina, fina de mesa o yodada.

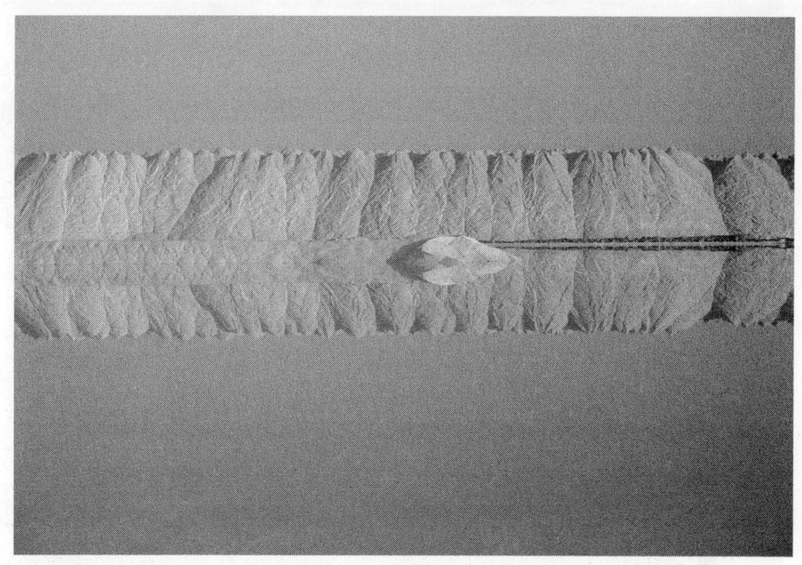

Salinas

EL LANGOSTINO Y LA MANZANILLA, DOS PRODUCTOS EMBLEMÁTICOS DE LA GASTRONOMÍA SANLUQUEÑA

El *Langostino de Sanlúcar* es, con mucho, el producto de mayor fama y trascendencia mediática de la gastronomía local. Posee una diferenciación genética clara con respecto al resto de este tipo de crustáceos procedentes de otros caladeros, distinción que le es proporcionada por unas singularidades cualitativas que le han hecho acreedor a ser comercializados bajo la protección de la marca de calidad *Langostino de Sanlúcar*, otorgada en 2015, que le dota de un marco legal de defensa contra el uso fraudulento de su denominación, garantizándole su origen y calidad. Para estar considerado como *Langostino de Sanlúcar* este debe proceder de las aguas poco profundas cercanas a la desembocadura del Guadalquivir y alrededores del Coto de Doñana, cuya gran riqueza biológica contribuye a su equilibrado y delicado sabor caracterizado por su textura fresca y jugosa que le encumbra como gran producto gastronómico.

Benito Pérez Rodríguez, inolvidable jurista y poeta, y gastrónomo por conocimiento y convicción, dedicó al indiscutible rey de la mesa de Sanlúcar, el langostino, un bello soneto a cuya transcripción no nos resistimos:

Profundo es tu sabor como la mar
que concentra el misterio submarino.
En principio fue claro tu destino:
ser en la mesa el óptimo manjar.
Comerte es más que un rito, es degustar
un sabroso sabor cuasi divino
que alcanza acompañado de un buen vino
la plenitud del arte en el yantar.
Te fecunda la mar en ambrosía
con sangre azul y escudo marinero,
tú, el marisco más rico y elegante.
Sanlúcar te descubre y Bajo Guía
da la voz de tu mando al mundo entero:
tú, de la Mar Océano almirante.

Una de las señales físicas más visibles que nos hacen reconocer al langostino sanluqueño son sus fuertes bigotes, menos quebradizos y más largos y gruesos que los de otras especies. Junto a los bigotes, otras marcas inequívocas, muy llamativas, son la franja de azul tornasolado que se aprecia en su cola, que desaparece al ser cocido, y las manchas amarronadas y algo difuminadas que presenta su lomo. Y un dato curioso: el langostino sanluqueño fue señalado como el de aspecto más lozano y atractivo en competencia con otros ejemplares procedentes de diversos caladeros españoles y extranjeros durante el proceso de su estudio con vistas a la creación de su marca de origen. Todo un éxito en un innominado concurso de belleza de este crustáceo.

Para la captura del langostino los marineros sanluqueños utilizan los métodos de pesca de arrastre y de trasmallo. Las artes de arrastre consisten en unas redes en forma de cono, con cierre por un copo que se ensancha mediante alas y que pescan al ser arrastradas cerca del fondo marino por una embarcación. El trasmallo es un sistema de pesca artesanal compuesta por tres paños de redes superpuestas, dos de ellas exteriores llamadas *albitanas* y una central —*paño ciego*— sostenida por flotadores. Colocadas las redes de forma paralela a la línea de costa van capturando los ejemplares que quedan enredados en ellas.

Marca Langostino de Sanlúcar

Hace unos años, al apreciarse una sensible disminución de capturas del *Langostino de Sanlúcar* en sus tradicionales caladeros, se creyó que el problema de esta merma en su pesca era debido a la presencia del cangrejo azul, una especie invasora originaria de la Costa Este norteamericana y, especialmente, del Golfo de México. De la gran preocupación surgida por la disminución del langostino en su zona tradicional de pesca nació la necesidad de estudiar si esta especie se había convertido en componente principal de la dieta del cangrejo foráneo, naciendo el proyecto *El cangrejo invasor: Callinectes sapidus en el golfo de Cádiz. Distribución, impacto en las comunidades nativas y estrategias de gestión*, un trabajo coordinado por investigadores del Instituto de Ciencias Marinas de Andalucía.

El objeto de esta investigación era estudiar el estado en que se encontraba el cangrejo azul en el Golfo de Cádiz y sus consecuencias en la fauna nativa y en los ecosistemas de la zona. Para la evaluación de dichos efectos se estudió la dieta de la especie invasora, con especial incidencia en el papel del langostino en la misma. Y aunque el resultado de aquella investigación indicaba que el langostino no era una presa destacable dentro de la dieta del cangrejo azul, se recomendaba seguir su control, ya que el potencial depredador de este cangrejo hacía peligrar a muchas especies diferentes dentro del Golfo de Cádiz, algunas de ellas de gran interés comercial y ambiental.

Langostino de Sanlúcar

El *Langostino de Sanlúcar* encuentra en la manzanilla —un «tal para cual», en el sentido más amable de esta expresión— la mejor de las armonías, un sublime acoplamiento de los sabores salinos del crustáceo y del genuino vino sanluqueño. Es lo que podríamos denominar como un perfecto «maridaje» si queremos utilizar la horrible palabra, hoy aceptada de forma tan generalizada por los *entendidos*, para definir el proceso de armonización de un alimento con un determinado tipo de vino con objeto de realzar su sabor.

Sería un atrevimiento ridículo, además de vano, ensalzar unos vinos en detrimento de otros. «Respetar a un vino merecedor de serlo —dice José Manuel Caballero Bonald— es algo muy parecido a respetar nuestra manera de ser civilizados». Y es que, por mucho que intentemos ahondar, es en la cultura del vino, en su conocimiento, donde encontramos los más solventes vínculos con las herencias educativas que nos han hecho ser como somos. Pocas cosas como un vino que se precie de serlo y, por ello, acreedor a un especial miramiento, puede reflejar con mayor nitidez la personalidad de un pueblo.

En la genuina *manzanilla* de Sanlúcar de Barrameda confluye la más portentosa conjunción que pueda darse para la consecución de un vino. Tierra, vid, clima, oficio, crianza e historia hacen de ella un producto único e irrepetible cuya singularidad, aureolada por una añeja condición de misterio, apenas ha podido ser descifrada por indecisas explicaciones enológicas, siempre socorridas con obligadas referencias al microclima.

Analicemos las credenciales que definen al vino sanluqueño. La primera de ellas, la tierra: las lomas plateadas de los mejores pagos del *Jerez Superior*, el anfitrión vitícola de la manzanilla. Y, junto a las excepcionales margas albariceñas y el sol, las labores y los cultivos primorosos que constituyen todo un magnífico monumento de arte agronómico. Y también están los vientos dominantes: la blandura del poniente oceánico y el más cálido levante de tierra adentro cuyos soplos alternados ajustarán la sazón de los frutos de la variedad de uva *Palomino Fino*, también llamada en Sanlúcar *Listán*, para fundamentar buena parte de las características *tipificantes* que son propias del vino sanluqueño.

Segunda credencial: su crianza. Tiempo, mimo y crianza, tras un buen nacimiento, terminan configurando la personalidad de la manzanilla. La intransferible singularidad ambiental con que dotan las marismeñas humedades atlánticas a las bodegas de Sanlúcar son la barrera que imposibilita que la manzanilla pueda separarse de la ciudad que la creó. El reglamento de la Denominación de Origen Manzanilla-Sanlúcar de Barrameda, aprobado el 15 de diciembre de 1964, indica con claridad que «las manzanillas deben ser criadas necesariamente en las bodegas enclavadas dentro de la ciudad de Sanlúcar de Barrameda para ostentar dicho nombre». Este precepto no obedece a ningún secreto de elaboración que, al fin y a la postre, acabaría por ser aprendido y utilizado en otros lugares, sino a las condiciones singulares de ambiente que únicamente se dan en las bodegas de Sanlúcar.

Bodega La Arboledilla (Barbadillo)

La tercera credencial de la manzanilla es su historia. Porque no es suficiente para un vino extenderse por los mercados y conseguir adhesiones fervorosas. Hace falta, también, solera, años sobre los hombros, vivencias... Y la manzanilla, además de sus buenas relaciones con la literatura —«todo vino se bebe mejor si se bebe con literatura», escribe José María Pemán—, ser hasta musicada en su himno y en las prodigiosas partituras de quien fue un manzanillero de *pro* como Joaquín Turina, es un vino grávido de historia convertido en reclamo de las tradiciones andaluzas.

El vino de Denominación de Origen Manzanilla-Sanlúcar de Barrameda, llamado tradicionalmente manzanilla, vino generoso y, por tanto, susceptible de alcanzar su graduación final con la adición de alcohol vínico, presenta las características siguientes: vino fino muy pálido, extremadamente seco, con un tono de amargor, poco ácido y con grado alcohólico comprendido entre los 15 y 16°.

La manzanilla de Sanlúcar es uno de los contadísimos vinos en todo el mundo que no toma su nombre del lugar de origen. La opinión más generalizada acerca de su nombre es la que dio Walter Mallock Gee en su libro *A book about sherry*, publicado en Londres en 1876, bajo el seudónimo de *Don Pedro Verdad*. Dice este autor inglés: «Yo creo que la verdadera derivación del nombre es la palabra española manzanilla, que en inglés es camomila, porque este vino (la manzanilla) tiene un gusto amargo parecido a la camomila».

Las primeras referencias técnicas escritas que conocemos sobre la manzanilla son las aportadas por Esteban Boutelou en sus trabajos *Idea de la práctica enológica en Sanlúcar de Barrameda*, (1806), y *Memoria sobre el cultivo de la Vid en Sanlúcar de Barrameda y Jerez de la Frontera*, (1807). Al tratar sobre la elaboración de los vinos del Marco de Jerez, nos dice Boutelou: «De las uvas blancas como la *Listán* o la *Palomino*, pisadas de forma conveniente, se obtiene un vino pálido carente de viso y que se distingue por su característico olor a manzanilla». Probablemente, el aroma al que se refiere Boutelou, al igual que Walter Mallock Gee, sea el de la camomila o manzanilla, opinión que también coincide con la de Richard Ford: «La etimología verdadera debe encontrarse en su sorprendente parecido con la flor amarga de la camomila que utilizan nuestros médicos para hacer un té medicinal y los de España para hacer un estimulante».

Pero, ¿cuándo surge la manzanilla en el mercado? Difícil es responder a este interrogante cuando se carece de datos analíticos y organolépticos capaces de definir, con absoluta claridad, toda la gama de vinos que se elaboraban en las antiguas bodegas sanluqueñas. Sabemos, eso sí, que, en la segunda mitad del siglo XVIII, se producía un famoso vino procedente de las dulces uvas de *malvasía*, cuyo nombre llegaría a incorporarse en el escudo del antiguo «Consulado de Sanlúcar de Barrameda y su Distrito». También sabemos con seguridad que en las bodegas sanluqueñas se elaboraban *tintillas*, vinos *aloques* obtenidos con mezclas de blancos y tintos, *moscateles* y unos vinos secos de viso muy similares, al parecer, a los *olorosos* actuales. También se producía en las bodegas sanluqueñas el *carlón*, «vino tinto de Sanlúcar de Barrameda», según consta en la entrada 16403 del acreditadísimo *Diccionario del Uso del Español* de la lexicógrafa María Moliner.

Dicen que la manzanilla surgió de una forma casual, casi como un prodigio, al comprobarse que la superficie del vino contenido en vasijas en restadas se cubría con una extraña capa blanquecina —la *flor* formada por levaduras y otros microorganismos— que se hacía permanente al refrescarse las vasijas con nuevos vinos. Y también se admite que este fenómeno fue comprobado por primera vez en las tabernas y tiendas de los montañeses establecidos en Sanlúcar.

Hace bastantes años, a finales del verano de 1986, en uno de los cursos organizados en Sanlúcar por la sede sevillana de la Universidad Internacional Menéndez Pelayo, se desarrolló una mesa redonda titulada *La memoria del pasado: recuerdos familiares de los orígenes de las familias bodegueras de la Bahía de Cádiz*; una mesa programada dentro del curso que se tituló *El mundo de las bodegas*, un curso memorable tanto por lo completo e interesante de su contenido, como por la calidad de sus participantes. A la mesa redonda convocada en la bodega de *La Pastora* y moderada por Pedro Romero de Solís, por entonces director de la UIMP en Sevilla, asistieron ocho invitados. A saber: Enrique Osborne Mcpherson, José Ignacio Domecq González, Dagmar Williams de Mora Figueroa, Nicolás Terry, Francisco Florido, Manuel Argüeso Hortal, Mauricio González-Gordon y Díez y Toto Barbadillo.

Aquella reunión de veteranos bodegueros daba para mucho; y muchas y jugosas fueron las anécdotas y los recuerdos que se fueron desgranando. En un momento determinado, Toto Barbadillo, más que abrumado, casi molesto por las repetidas referencias a los linajes extranjeros y de gran abolengo de los bodegueros jerezanos y portuenses, frente a las más modestas ascendencias montañesas y castellanas de los sanluqueños, como era su caso, recordó a sus contertulios que en uno de los lugares más destacados del protagonismo en la aventura de las bodegas y los vinos de Jerez, además de a ingleses, franceses e irlandeses, había que colocar los nombres de dos sanluqueños: Manuel María González Ángel y Juan Bautista Dubosc López de Haro. Pero no se llegaría a conformar Toto Barbadillo con decir esto, sino que añadió que sus antepasados burgaleses de Covarrubias habían luchado nada menos que junto al Cid y que hasta era posible que él fuera pariente de Felipe II. Las cosas del inolvidable don Antonio.

De la ascendencia nacional, especialmente cántabra, de los iniciadores de la elaboración *manzanillera* nos hablan Miguel Ángel Aramburu-Zabala y Consuelo Soldevilla en su libro *Jándalos. Arte y Sociedad entre Cantabria y*

Andalucía (2013). Dicen estos autores: «La denominación de manzanilla se menciona en 1819 en el reglamento de los montañeses de Sanlúcar titulado *Noticia descriptiva del lazareto formado por el gremio de montañeses en la ciudad de Sanlúcar de Barrameda*». A las estirpes montañesas establecidas en la ciudad se debe la creación de las más importantes bodegas *manzanilleras*. Los descendientes de José Antonio Hidalgo, asentado en la ciudad a principios del siglo XVIII, fundan la Bodega Hidalgo, propietaria de la clásica marca de manzanilla *La Gitana*. Rafael y Cayetano Terán Carrera, llegados a Sanlúcar desde Soto de la Marina, pedanía del municipio cántabro de Santa Cruz de Besana, fueron importantes bodegueros, debiéndose a Cayetano la construcción de *La Arboledilla*, quizás la más solemne bodega catedralicia de todo el Marco de Jerez. Una nieta de Rafael Terán, Rosario Rodríguez Terán, aportaría su capital a las bodegas Barbadillo a raíz de su casamiento con Antonio Barbadillo Ambrosy, descendiente de los fundadores burgaleses de esta empresa vinatera elaboradora de la manzanilla *Solear*. Benito Rodríguez La-Cave, nieto de Enrique Rodríguez Cabanzón, cántabro de Mazandrero, sería el fundador de la bodega de su nombre que haría famosa a la marca *Barbiana*. Otra tradicional marca de manzanilla, *La Guita*, sería creación de la bodega del montañés Domingo Pérez Marín. Y León de Argüeso y Argüeso, natural de Arija, localidad por entonces perteneciente a Cantabria, tras trabajar en tiendas de montañeses y poseer una tienda propia de comestibles en Sanlúcar, fundaría la sociedad Herederos de Argüeso, elaboradora de la acreditada marca de manzanilla *San León*.

Los visitantes extranjeros se ocuparían de promocionar el vino sanluqueño, incidiendo en la singularidad de la manzanilla con relación al resto de la variada gama de vinos de Jerez y en sus supuestas propiedades tonificantes. Richard Ford, en su *Manual para viajeros por España y lectores en casa* (1845), dice de la manzanilla que «es un vino excelente que da fuerza al estómago, sin calentar ni embriagar como el vino de Jerez». Incluso propone su bebida con agua helada o agraz —«lo más apropiado para beber manzanilla», escribe en su famosa obra—, o acompañada con *alpisteras*, el popular dulce sanluqueño propio de Semana Santa y de cuya elaboración llega a incluir la receta en su libro de viajes. «¡Bebedla, oh dispépticos!», es la imperiosa recomendación que Ford hace del vino de Sanlúcar, añadiendo a título informativo para sus paisanos británicos que en la tienda de los señores Gorman y Compañía, situada en el número 16, de la londinense Mark Line, se vende una manzanilla excelente.

El entusiasmo extranjero por la manzanilla se repetirá en la pluma de otro inglés, Henry Vizetelly, quien en su libro *Wines of the world* (1875), da muestras de su conocimiento de los vinos y de las bodegas sanluqueñas, reflejos literarios y técnicos de la visita que ha tenido la oportunidad de hacer a la ciudad. También el hispanista francés Antoine de Latour, quien llegaría a familiarizarse con el mundo vitivinícola de Sanlúcar en la finca *Torrebreva*, propiedad del duque de Montpensier, de quien era secretario, nos habla de la manzanilla y de la tradicional caña que es utilizada para su bebida. Y apostilla: «No puede ser un vino vulgar aquel que pide su vaso aparte».

El negocio de la manzanilla se amplía a medida que avanza el siglo XIX. Se construyen nuevas bodegas y se perfecciona el sistema de escalas (criaderas y soleras) para su crianza. Con la feria de Mairena del Alcor, la más antigua de Andalucía, la manzanilla se erige en «aval que cierra el trato entre ganaderos», como dijera Serafín Estébanez Calderón. Así inicia la manzanilla su feriada andadura cimentando su fama por todo el siglo XIX y principios del XX. Son tiempos en que las bodegas de Sanlúcar embarcan sus manzanillas desde el puerto de Bonanza con destino a Asturias, a Barcelona, a Santander...; de envíos de manzanilla a las sierras de Cádiz y Ronda a través de los servicios de los Despachos Centrales, y de masivas facturaciones por ferrocarril desde las desaparecidas estaciones de Sanlúcar-Pueblo y Sanlúcar-Playa; su destino: Madrid, Huelva, el Aljarafe sevillano, el Campo de Gibraltar… Y a Sevilla va el genuino vino sanluqueño por el río, dos veces por semana, en el vaporcito *Río-Mar*, multiplicando su frecuencia en vísperas de Semana Santa y la Feria de Abril, con cargas exclusivas de una manzanilla que por entonces se paseaba victoriosa por los certámenes nacionales e internacionales como cuenta Rafael Montaño García en su libro *La industria bodeguera de la provincia de Cádiz en las exposiciones nacionales y universales en el siglo XIX* (2022), donde los bodegueros de Sanlúcar consiguen numerosas medallas y honores que reproducirán con orgullo en sus etiquetas y propaganda para erigir a la manzanilla en «símbolo unitario de los vinos andaluces», en palabras de Caballero Bonald. Es por entonces la manzanilla el vino de moda que anima las fiestas, los homenajes, las juergas de altura y los brindis de postín, a la que Bizet, Halévy y Meilhac aluden en su ópera *Carmen*. Porque la manzanilla está bien presente en la literatura y el teatro de la época:

«*¡Brindemos!*», dice Sebastián, un personaje de la zarzuela de Fernández Shaw titulada *El sol de Andalucía*, elevando al cielo su copa de champán.

Y le contesta Manolo, otro personaje de esta obra:

«¡No, Sebastián!
a mí me ofende y me humilla
que brindemos con champán.
¡Si nuestros labios están
pidiéndonos manzanilla!»

Sebastián le responde:

«¡Es lo mismo!»

A lo que Manolo contesta:

«No es lo mismo,
Sebastián; y ese es el mal:
¿cómo va a sernos igual
un sorbo de extranjerismo
que de un vino nacional?
Si la manzanilla fuera
bebida inferior, no habría
quien en su favor saliera;
pero, ¡si está en su solera
lo mejor de Andalucía!
Cuando la hueles es flor;
cuando la gustas es miel;
cuando la tragas picor,
y siempre, ¡siempre!, un calor
que te electriza la piel.»

Sebastián, convencido con las palabras de su amigo, cañera en mano, dice:

«No hablemos más: ¡a brindar
con manzanilla!»

Y responde Manolo:

«¡Bien dicho!;
pero conviene sentar
que no es cuestión de capricho
¡que es cuestión de paladar!»

El gran maestro Joaquín Turina, quien tenía el exquisito gusto, además de sanísima costumbre, de celebrar con nuestro vino los momentos más señalados de su vida, homenajea a los bebedores de manzanilla en una de sus composiciones y hasta llega a musicar el momento supremo de su disfrute en su obra para piano *La hora de la manzanilla*.

Pero llegarían malos tiempos para el vino de Sanlúcar y pronto se desvanecen aquellas glorias *manzanilleras*. Entre pitos, flautas, desidias, tópicos denigrantes y sambenitos interesados, como aquel que la calificara como «un vino que viaja mal», la manzanilla, incapaz de soportar tan injustos desprecios y tan miserables descalificaciones, casi se nos queda en un vino testimonial. Es tal la debacle, que a mediados del siglo pasado parece que de la manzanilla tan solo se acuerden sus más leales e insobornables adeptos y algunos poetas que, a pesar de todo, continuarán cantándole al calor de una rima facilona y tópica. Para colmo, hasta se despegan de ella, salvo contadísimas excepciones, los más acreditados establecimientos de Sevilla en los que la manzanilla había sido el vino de la casa que, de siempre, se había servido, al menos que, de forma expresa, el cliente indicase lo contrario.

Recuerdo la dificultad de invitar a manzanilla en el Madrid de principios de los años setenta. Aunque podíamos contar con el desaparecido *El Tabanco* de la calle Echegaray, donde tenían el prurito de servirla en caña, al pedir manzanilla en otros establecimientos madrileños estábamos expuestos a que nos sirvieran la consabida infusión o una imbebible botella del genuino vino sanluqueño que permanecía desahuciada en un rincón del almacén. Y hasta, ¡pásmense!, en más de una ocasión, nuestra demanda de manzanilla intentó ser satisfecha, por aquello de la manzana, con el ofrecimiento de una botella de *El Gaitero*.

Cuando a mediados de los años 70, la veleta parecía señalar nuevas esperanzas políticas, la manzanilla pareció dar muestras de resurgimiento. El inolvidable Toto Barbadillo acertaba plenamente al afirmar que «a la manzanilla siempre le había sentado bien la libertad». Es tal el éxito del camino reemprendido que, con fecha 22 de abril de 1991, el diario *ABC* de Sevilla, al comentar la disminución de las intoxicaciones etílicas en la Feria de Abril de aquel año, decía que era debido «a la paulatina sustitución del fino por la manzanilla como bebida oficial de la feria». Sin duda, el periodista firmante de aquella noticia debía ser un insobornable bebedor del vino sanluqueño.

Hoy, la manzanilla, renovada sí, pero con las credenciales de siempre que le son aportadas por el suelo, el clima, las labores viticultoras y sus modos de elaboración y crianza, vuelve a gozar de la más alta estima, recibiendo los mayores honores en las más solventes catas de vinos generosos. La manzanilla, por sus matices personalísimos, quizás por la ligereza sustantiva que la caracteriza, es hoy un vino cuyas credenciales se ofrecen a todo el mundo como garantía de peculiaridad dentro de la vitivinicultura internacional.

Las uvas para la elaboración de la manzanilla, ya dijimos, son de la variedad *Palomino* o *Listán*, procedentes de viñas situadas en terrenos de albarizas. Es, por tanto, la manzanilla, un vino monovarietal 100%. La vendimia, que se inicia cuando el fruto alcanza su grado óptimo de madurez —entre 11 y 11,5° Beaumé—, requiere de una extremada meticulosidad y cuidado. El mosto de uva que se destinará a manzanilla se obtiene con ligerísimas presiones, dedicándose a otros tipos de vinos el zumo procedente de presiones más severas.

La fermentación de los mostos destinados a manzanilla se realiza en depósitos, procurándose en todo momento que la temperatura de fermentación no rebase unos valores muy moderados. Terminado el proceso fermentativo se procede a la primera clasificación de los nuevos vinos que en Sanlúcar continúan denominándose mostos, siendo destinados a las criaderas de manzanilla los más finos y afrutados.

El sistema empleado para la crianza de la manzanilla es el tradicional de criaderas y soleras, iniciado en Sanlúcar a finales del siglo XVIII y luego generalizado por todo el Marco de Jerez, siendo necesario para la manzanilla un mayor número de escalas que en los finos, ya que requieren trasiegos mucho más continuados para permitir la oxigenación permanente de la flor, cuya presencia compacta y permanente en la superficie del vino es de suma importancia durante el proceso de su crianza biológica.

El procedimiento para la crianza de la manzanilla mediante criaderas y soleras es como sigue: de las botas con vino más viejo (solera) se extrae de forma periódica (saca) una parte de su volumen que se destina a embotellado para su comercialización y consumo. La cantidad extraída de la solera se repone con vino del nivel inmediatamente anterior (criadera) y así, sucesivamente, se llega al vino de la criadera más joven, cuyo volumen extraído se repone con un vino nuevo que inicia su crianza. De esta forma se consigue una calidad homogénea, pues la parte de vino añadido en cada bota se mezcla con el allí existente conformando un volumen unitario que envejece conjuntamente.

Durante la crianza de la manzanilla tiene lugar una serie de fermentaciones secundarias que van configurando las características enológicas y organolépticas tan diferenciadas en este vino. Las transformaciones que se producen, favorecidas por el especial microclima de las bodegas sanluqueñas, permiten una elevada conversión de alcoholes en aldehídos y de ahí el intenso perfume que define al típico vino de Sanlúcar. Estas características son mucho más perceptibles en la manzanilla «en rama», llamada así cuando se bebe de una bota en la misma bodega o embotellada desde la solera tras un ligerísimo proceso de clarificación. Podemos decir que la manzanilla «en rama» es una manzanilla más natural, aconsejándose su consumo en fechas no muy alejadas a su embotellado. Bodegas Barbadillo, pionera en lanzar al mercado este tipo de manzanilla, efectúa cuatro sacas «en rama» al año —sacas de primavera, verano, otoño e invierno—, cada una de ellas con sus propios matices y características organolépticas, mostrándonos cómo evoluciona el vino en función de la temperatura y la humedad de cada estación. Así, en las estaciones frescas o con condiciones climatológicas más favorables, las notas son más finas y perfumadas que en las estaciones de mayor rigor climático.

En este capítulo dedicado a la manzanilla hemos de hacer mención al carácter cocinero del vino sanluqueño, cuya utilización como ingrediente en la confección de platos autóctonos afianza el concepto gastronómico de la ciudad. Es sabido que el vino y la cocina llegan a perfeccionarse mutuamente hasta el punto de que el arte gastronómico comprende tanto la confección del menú, especificándose en sus recetas el tipo de vino a utilizar como ingrediente, como la armonización de cada plato con la compañía del vino más adecuado. Así es que el vino acompaña a los alimentos tanto en la cocina como en la mesa. De hecho, lo encontramos en gran cantidad de técnicas culinarias, e incluso previas a la elaboración de las recetas como aromatizante en los adobos y maceraciones.

Entre los muchos vinos que pueden servir a este efecto, a la manzanilla se acostumbraron los sanluqueños utilizándola para elaborar muchos de sus platos, así como para preparar salsas claras y perfectas para el cerdo, la ternera o el pescado. Y al igual que podemos encontrar variedades gastronómicas de la cocina internacional como los «escalopines al oporto», o al «marsala»; los platos franceses al «cognac» o al «champagne; el «pollo al güisqui» y los «asados al vodka» o el «sorbete de limón al cava», en Sanlúcar tenemos nuestros genuinos platos «a la manzanilla».

En los guisos de pescado, el toque de manzanilla se hace imprescindible, siendo también inevitable la presencia del vino sanluqueño en la preparación de coquinas y almejas, al igual que no se puede eludir el chorreón de manzanilla en los refritos para la elaboración de platos de carne y aves de todo tipo.

Recuerda Javier Hidalgo en su libro «*La Manzanilla. El vino de Sanlúcar*» (2009), que la revista *Wine* organizó una degustación para encontrar la mejor combinación para los espárragos que tienen ese sabor tan difícil. «Entre un tokay, un sancerre, varios sauvignon blanc, verdejo, muscat y champán, fue la manzanilla —escribe Hidalgo— quien ganó la competición, lo que le da acceso directo al reino de las verduras».

La aceptación de la manzanilla como excepcional parte integrante de las recetas de los grandes chefs empieza a generalizarse, al igual que son admitidas sin reservas las enormes posibilidades del vino sanluqueño como armonizador de elaboraciones muy diferenciadas de alta cocina. Una buena prueba de estas afirmaciones nos la ofrece el concurso internacional «Copa Jerez», un certamen de gran repercusión mediática que forma parte del programa que desarrolla el Consejo Regulador de las Denominaciones de Origen Jerez-Xérès-Sherry y Manzanilla-Sanlúcar de Barrameda. Uno de los objetivos de este prestigioso concurso es «sentar a la mesa» de la mano de los más renombrados cocineros y sumilleres de todo el mundo a los vinos jerezanos y a la manzanilla, considerados hasta hace bien poco como vinos de aperitivo. Como decía Juli Soler, quien fuera socio de Ferrán Adriá, en *El*

Bulli, «los maridajes que puede ofrecer esa auténtica joya de arte de la enología que es la manzanilla, son verdaderamente sorprendentes».

El proyecto *Ruta del Vino y el Brandy del Marco de Jerez*, una iniciativa integrada dentro de la marca global *Rutas del Vino de España*, proporciona al visitante de Sanlúcar una vivencia enológica integral que le permite conocer el fascinante mundo bodeguero y unos atractivos íntimamente ligados a la manzanilla.

Al calor de esta iniciativa *enoturística* las bodegas sanluqueñas asociadas a *Rutas del Vino*. han abierto sus instalaciones al público para ofrecer visitas guiadas, cursos de cata, infraestructuras para celebraciones e, incluso, museos como el *Museo Barbadillo de la Manzanilla* o el *Centro de Interpretación del Vino* de las bodegas Delgado Zuleta.

Uno de los elementos con mayor capacidad de seducción en el sugestivo mosaico que conforma la oferta de turismo enológico en Sanlúcar es la gastronomía. De la colaboración entre bodegas y establecimientos de hostelería empiezan a surgir programas en los que la manzanilla y la cocina se ofrecen como elementos indisociables. Otras actividades gastro-enológicas que se desarrollan a lo largo del año en Sanlúcar son la *Feria de las Arenas Finas*, con una muestra de los productos de los arenales de Monte Algaida y Llanos de Bonanza (julio); la *Fiesta del Pimiento* en La Algaida (agosto) o el tradicional concurso de *Ajo Campero* (diciembre), y es inminente la institucionalización de la *Fiesta del Langostino*, una iniciativa de la Cofradía de Pescadores de Sanlúcar. Sin olvidar la *Feria de la Manzanilla*, máxima expresión del calendario de fiestas locales en la que la presencia activa de la manzanilla ejerce de catalizador social.

Bodegas productoras de manzanilla:

Bodegas Barbadillo

c/ Luis de Eguílaz, 11
Teléf.: 956 385 521 - www.barbadillo.com
Servicios:
— Museo Barbadillo de la Manzanilla
— Tienda de vinos
— Visitas guiadas a bodegas
— Catas de vinos
— Eventos

Bodegas Barrero

c/ Trasbolsa
Teléf.: 956 384 387 - www.bodegasbarrero.com
Servicios:
— Bar en precioso patio bodeguero
— Visitas con cata todos los sábados a las 12:00 horas bajo reserva previa en el teléfono 630 765 483 o a través del correo electrónico info@bodegasbarrero.com con antelación mínima de 24 horas.

Bodegas Delgado Zuleta

Avda. Rocío Jurado, s/n
Teléf.: 956 360 543 - www.delgadozuleta.com
Servicios:
— Visita a bodega
— Centro de Interpretación del Vino
— Visita a bodega + paseo por Sanlúcar (puede incluir almuerzo o espectáculo ecuestre)
— Tapas en rincón bodeguero
— Visitas nocturnas a la bodega
— Cata bodeguera + iniciación a la venencia
— Visita turística en tren y visita a bodega
— Taller bodeguero para niños
— Goyaterapia y visita a bodega

Bodegas Herederos de Argüeso

c/ Mar, 8
Teléf.: 956 385 116 - www.argueso.es
Servicios:
— Visitas guiadas
— Visita vinos 1822

Bodegas Hidalgo-La Gitana

c/ Banda Playa, 42
Teléf.: 956 385 304 - www.lagitana.es
Servicios:
— Degustación con aperitivos
— Visita nocturna «Entre luces»
— Experiencia biológica «La Manzanilla»
— Vinos venenciados de la bota a la copa
— Visita a viñedos y degustación
— Catas de vinos
— Comida en Restaurante Entrebotas

Bodegas La Cigarrera

Plaza de Madre de Dios, s/n
Teléf.: 956 381 285 - www.bodegaslacigarrera.com
Servicios:
— Visita guiada a bodega
— Taberna-restaurante

Bodegas La Guita

Misericordia, 1
Teléf.: 956 321 004 - www.laguita.com
Servicios:
— Concertar para visitas.

Bodegas Mar 7

c/ Mar, 9
Teléf.: 676 17 9130 - http://despachodevinosmar7.com

Servicios:
— Catas
— Maridajes

Bodegas Yuste Miraflores

Ctra. Sanlúcar-Chipiona, km. 3
Teléf.: 956 38 52 01 - www.yuste.com
Servicios:
— Visitas a bodega
— Catas

Cooperativa del Campo Vitivinícola Sanluqueña - Covisan

Carretera de Jerez, km. 1,300
Teléf.: 956 361 874 - www.covisan.net
Servicios:
— Visitas con degustación: sábados de 11:00 a 14:00 horas

Cooperativa del Campo Virgen de la Caridad

San Sebastián, s/n
Teléf. 956 36 07 64 - www.caydsa.es
Servicios:
— Visitas con degustación

LOS MODOS COCINEROS

De lo relatado en los capítulos que anteceden vemos que la cocina sanluqueña es resultado de la combinación de un variado y riquísimo legado que nos dejaron las diferentes culturas que habitaron a lo largo de los siglos en este rincón de la Baja Andalucía. Con fidelidad y respeto a todo lo que a través del tiempo nos fue aportado para mejor alimentarnos y para disfrutar de nuestras comidas, los modos cocineros practicados hoy en los fogones sanluqueños están plagados de guiños, de evocaciones y de recuerdos a la herencia recibida: a las salazones de pescado fenicias, a la variedad de verduras de los romanos, a los cocidos derivados de la *adafina* hebrea, a los guisos y dulces musulmanes, a las especias llegadas a través de rutas interminables y a los productos del Nuevo Mundo. Unos modos que hoy comprenden un recetario antiguo y nuevo, tradicional e innovado, que son el resultado de las cosas bien aprendidas.

Empecemos por las sencillas elaboraciones tan abundantes en el recetario sanluqueño en las que el sabor a huerta y navazo se expresan con su mayor claridad. Son platos tradicionales y muy arraigados, de invierno o de verano que, en muchos casos, hubieron de surgir por un elemental, aunque sabio, sentido de supervivencia, de la necesidad de contar con una dieta vitalizadora ante la carestía y la amenaza de la hambruna de otros tiempos. Entre ellos, el inefable *gazpacho*, plato canicular por excelencia, equilibrado, hidratante, fresco y de elaboración económica y rápida, que muchos incluyen en el apartado de sopas cuando bien sabemos que la sopa es un plato caliente y que el gazpacho no precisa del fuego para su elaboración. Tan extendido hoy con sus toques diferenciadores y sus elaboraciones de variada consistencia cremosa y hasta de diversidad de tonos cromáticos, podemos afirmar que no existe en Andalucía un pueblo, y ni tan siquiera un restaurante que se precie, que no cuente con un toque personal y diferenciador en su propio gazpacho.

El gazpacho andaluz es un alimento de origen remoto que fue perfeccionándose a lo largo de los siglos con el aporte de las sucesivas civilizaciones que se asentaron en el sur de España y que llegaría a configurar sus características actuales con el arribo del tomate y el pimiento americanos que se incorporan a él en el siglo XVIII. El gazpacho sanluqueño de toda la vida es una mezcla de sabores y aromas proporcionados por sus ingredientes en crudo: la acidez y el dulzor del tomate, la fuerza del pimiento, la suavidad del aceite, el ácido del vinagre, el aroma tan mediterráneo del ajo y el toque de sal, dependiendo su consistencia de la cantidad de pan y agua que le agreguemos.

Junto al gazpacho, y más propio de las estaciones frías, la cocina sanluqueña cuenta con otra elaboración, que antaño también fuera comida de supervivencia para jornaleros, como el *ajo*, bien en su simpleza al estilo campero o el tan socorrido de patatas, cuyas compañías en ambos casos son el modesto rábano y los primeros mostos invernales. El *ajo campero* es un plato de «cuchará y paso atrás», con sus comensales en círculo alrededor del recipiente que lo contiene, apenas con espacio para meter la cuchara de palo y haciendo un esfuerzo por respetar las lindes invisibles del espacio que a cada cual corresponde. Es comida que además de promover la conversación, ha impulsado de siempre la solidaridad y el espíritu de equipo.

La *ensalada*, clarísima sugerencia de huerta en su acepción más rigurosamente natural, introducida por griegos y romanos, quienes la dotaron de carácter gastronómico en nuestra civilización, fue enriquecida y ampliada, al igual que el gazpacho, con los productos llegados del Nuevo Mundo. Sin muchas pretensiones en sus orígenes, la ensalada ha alcanzado en Sanlúcar categoría de plato de imaginación. Y es que la calidad de los ingredientes vegetales que intervienen en su preparación son susceptibles de combinar con todo aquello que el talento del cocinero le da a entender para imprimirle características muy personalizadas. Desde la *piriñaca*, en crudo, tan sanluqueña, tan sencilla y apropiada como refrescante guarnición que aporta lozanía, color y contraste al pescado asado o a la plancha, hasta la incorporación en la ensalada de un extensísimo catálogo de productos hortícolas e, incluso, de quesos, frutas, huevas, salazones, pescados, gambas o langostinos, el capítulo gastronómico referente a estas elaboraciones culinarias, como es fácil de suponer, tiene forzosamente que presentarse como ilimitado.

Como variante de la ensalada, Sanlúcar tiene a gala el saber preparar las mejores *papas aliñás* de su entorno geográfico, un modesto plato que se sirve en caliente y que combina a la perfección con los vinos blancos jóvenes o con la genuina manzanilla. En este punto sería injusto no hacer mención del *Bar Barbiana*, un clásico entre los clásicos de la restauración sanluqueña, cuyas gloriosas *papas aliñás con melva canutera*, despiertan desde hace años el interés gastronómico. El secreto de tan sabrosísima elaboración hay que buscarlo en la excepcional calidad de las papas nuevas producidas en los arenales sanluqueños. Y también, claro está, en el secreto del punto de cocción y de un cuidado aliño que únicamente la experiencia y el saber son capaces de descifrar.

Al hablar de gazpachos, ensaladas y aliños, forzosamente hemos de aludir a los condimentos que realzan el sabor de estas elaboraciones: aceite, vinagre y sal. El aderezo, como elemento consustancial al gusto, es la forma de adaptar los alimentos para matizarlos y deleitarnos con ellos. Aunque ya hemos referido que en Sanlúcar la presencia del olivo ha sido y es prácticamente testimonial, la posibilidad de acertar en la elección de un buen aceite de oliva virgen extra, procedente de alguna de las grandes zonas productoras andaluzas con denominación de origen es amplísima. La sal, de las salinas de Bonanza, y un vinagre local de vino, criado en botas por el tradicional sistema de criaderas y soleras y protegido por la Denominación de Origen Vinagre de Jerez, contribuyen a reafirmar el marchamo sanluqueño de estos platos.

Y ahora, continuemos con eso que se ha acordado en llamar cocina de la «ebullición» o de la «evaporación», punto común de la culinaria española tan cargada de paciencia —«olla que muy rápida hierve, sabor que pierde», dice nuestro sabio refranero— y que, además de sus ingredientes, contiene mucha literatura y no poca erudición. Sin duda, a esta cocina corresponde el capítulo más brillante de nuestra gastronomía, el mejor de ellos escrito en la intimidad de los fuegos domésticos y que no es otro que el de los *cocidos*, los *potajes* y los *pucheros*, y, entre estos últimos y como derivados de ellos, las *sopas*. Estos platos se han elaborado de siempre con tres tipos de productos —verduras, legumbres y añadidos cárnicos o *avíos*—, caracterizándose el resultado de estas elaboraciones según correspondiese a la mesa humilde, en la que el talento suplantó a los pocos medios, o a la más pudiente, adaptándose tanto a las estaciones del año, como a las posibilidades económicas. Así, mientras en su vertiente rica estos eran platos suculentos con abundante adición de buenas carnes y chacinas, en los hogares menos favorecidos se hacían a fuego lento en cocción muy suave que ocupaba todo el día. En este caso los ingredientes quedaban prácticamente limitados a unos garbanzos, unos dientes de ajo y un poco de aceite; aunque a veces un toque de fortuna enriquecía esta modesta preparación con un trozo de tocino o hasta con una perdiz.

El *cocido*, del que Néstor Luján dijera que era «la cumbre de la cocina de la evaporación», es un plato común en toda España, aunque, por fortuna, los españoles hicieron caso omiso a la demanda de don Mariano Pardo de Figueroa, nuestro famoso crítico gastronómico del XIX, que pretendió normalizarlo para que fuese cocinado bajo la misma receta en todos los rincones del país.

Para encontrar los antecedentes de los cocidos, berzas y potajes de la cocina doméstica de Sanlúcar, al igual que los de toda Andalucía, hemos de remitirnos a la *adafina* hebrea, un plato elaborado con garbanzos, patatas, carne de vaca y huevos, al que muchos consideran como origen de todos los cocidos nacionales. Las *sajinas*, elaboradas a base de verduras; las *hariras*, hechas con carne de cordero o gallina, verduras y legumbres y los estofados de carne y legumbres llamados *tajines*, son tres platos que gozaron de enorme popularidad en la Andalucía musulmana y que tanto hubieron de influir en la posterior «cocina de la ebullición» de la España meridional. Ya con marchamo netamente nacional apareció, en tiempos de los primeros Austria, la famosísima *olla podrida*, que fuera descrita por Francisco Martínez Motiño, o Montiño, jefe de las cocinas reales desde Felipe II hasta Felipe IV y autor de *Arte de la Cocina, Pastelería, Bizcochería y Conservería*, uno de los tratados más notables sobre gastronomía escritos en lengua española. De esta *olla podrida*, plato español por excelencia y considerado como una de las aportaciones más decisivas de nuestra cocina a la internacional, derivaría toda la gama de nuestros cocidos y pucheros con sus *avíos* de carne, chacina y huesos, que llevan estas familiares elaboraciones de las que, además, derivan otros platos como el *consomé*, la *pringá* y la *ropa vieja*.

En su libro *El habla de Sanlúcar de Barrameda* (1994), la lexicógrafa Mariana García Guerrero define así la *pringá*:

> Carne, chorizo, morcilla y tocino que acompaña al cocido andaluz y que se aparta al servirlo. Entre las clases palurdas y humildes, esta pringá se pone en una boba u otro pan aplastando todo bien para que el pan se pringue con la grasa del tocino. Sirviendo el pan

de plato, se le van arrancando pedazos con los que se pringa y se come.

La *boba* que nos cita García Guerrero es un tipo de pan de trigo típico de Sanlúcar, de forma redondeada, de suave corteza y mucha miga, de medio kilo o más de peso. Otros tradicionales panes sanluqueños son la *bobita*, de menor tamaño que la *boba*, y el *cundi*, de forma ovalada terminado en dos «picos» redondeados.

Cuando el hombre descubrió el modo de hacer hervir el agua y se apropió de la sustancia que le aportaba cualquier trozo animal o vegetal que cayera dentro del cazo, quedó inventada la *sopa*. Las *sopas*, felizmente superada su extendida consideración de comida de pobres propia de sopistas mantenidos a duras penas por la «sopa boba» o por los «bodrios» de la caridad monacal y las sobras de los ranchos cuarteleros, o por la más insustancial «agua de borrajas», conforman hoy un brillante conjunto de elaboraciones cocineras y, desde luego, en igualdad de condiciones cualitativas con el resto de los platos, dentro de los fundamentales capítulos que determinan la gastronomía actual de Sanlúcar. «Una buena sopa —escribía el apasionado gastrónomo Grimod de La Reynière— es la gran comida del pobre, una gozada que a menudo el rico le envidia». También decía La Reynière que «la sopa debe sugerir el carácter del banquete, al igual que la obertura anuncia el tema de la ópera». Siguiendo esta observación del fundador del periodismo gastronómico, las sopas sanluqueñas nos anticipan el carácter de los platos que habrán de continuar en el menú. Excelentes son las sopas que en Sanlúcar se preparan con pescados o mariscos, y singulares entre ellas las «sopas de galeras», todas muy adecuadas para iniciar una propuesta de comida marinera. Las sopas de tomate, o las de verduras, con la incorporación de todo tipo de vegetales, han formado desde siempre parte de la dieta de los sanluqueños. Al igual que el modesto consomé, nuestro tradicional *consumado*, una elaboración tenida por francesa desde que nos la arrebató un tal mariscal Junot durante la invasión napoleónica y que, en Sanlúcar, elaborado con caldo de puchero al que se adiciona una yema de huevo y una ramita de hierbabuena, adquiere características de excepcionalidad gracias al toque mágico proporcionado por unas gotas de buena manzanilla amontillada.

Pocos saben que los pucheros y cocidos sanluqueños fueron la excusa para reunir en animadas tertulias en Buenos Aires a muchos justicialistas caídos en desgracia tras la Revolución Libertadora de 1955, que derrocó al general Juan Domingo Perón. El artífice de estas comidas de añoranzas peronistas era Pedro Badanelli, el heterodoxo sacerdote, jurista y escritor sanluqueño emigrado a la Argentina, donde llegaría a ofrecerse al mismísimo general para fundar una iglesia oficial apartada de las directrices de Roma.

En lo gastronómico, Badanelli era algo más que un simple «cocinillas», si tenemos presente lo que me comentaba en una de sus visitas a España, mi buen amigo Gerardo Ferri, quien fuera médico de cabecera del presbítero en sus últimos años: «En su vieja casona del barrio bonaerense de Abasto, Badanelli preparaba fenomenales berzas y pucheros a *la sanluqueña*, platos que siempre sorprendían muy gratamente a sus invitados». Esta afición cocinera de Pedro Badanelli, heredada de su madre, era bien conocida y alabada por sus camaradas peronistas quienes sabían que el sacerdote había sido propietario de un restaurante en Resistencia, capital de la provincia del Chaco, donde se presentaba vestido de cocinero, con gorro blanco y delantal, y portando una sartén que golpeaba con una cuchara, llamando de esta forma la atención de los comensales, a los que les hablaba sobre el amor y los celos con el gracejo de que siempre hizo gala.

La carta del restaurante de Pedro Badanelli en Resistencia estaba conformada en su mayor parte por platos de ascendencia sanluqueña, especialmente por guisos de herencia materna y algún que otro plato de pescado. Todas aquellas recetas originarias de su Sanlúcar natal, serían recopiladas por el sacerdote en el libro *Guía del buen comer barato*, «escrito con un lenguaje digno de Benavente o Lorca», según me comentaba el presbítero argentino Alejandro Geist, otro cura rebelde muy amigo de Badanelli, con quien convivió durante sus años de desventura. Geist, encargado de comprar el sustento diario, salía cada mañana hacia el mercado con unos ejemplares de aquel libro cuya venta a los viandantes le proporcionaba el dinero con el que poder adquirir los productos que le eran necesarios a su amigo para confeccionar el menú del día.

En el apartado de guisos típicamente sanluqueños hay que apuntar que la personalidad de muchos de ellos se ha caracterizado por la utilización de productos como los alcauciles o los espárragos trigueros, con los que se confeccionan platos de una originalidad y exquisitez muy acentuadas. Por cierto, la forma de elaborar los espárragos —el popular *esparragao*— es común a otras preparaciones de vegetales, como las tagarninas o las espinacas, que tanta hambre aplacaron hasta hace bien poco. El *esparragao* se prepara con el majado de pan frito, humedecido en vinagre, ajo frito, pimentón y comino. Una vez bien machacada esta mezcla se refríe, no estando de más aderezarla con un toque de manzanilla ántes de añadir el caldo con la verdura, ya cocida, que hayamos elegido. Otra sencilla elaboración muy practicada en la cocina de Sanlúcar es el *veranillo*, propia del estío. Se trata de un refrito de tomates, pimientos, ajos y cebollas, al que se añade una hoja de laurel y, —¿por qué no?—, un chorreón de manzanilla al gusto, formándose una base a la que después se le agrega el ingrediente principal que muy bien pueden ser unas modestas papas o unos chipirones.

Y ahora, introduzcámonos en la cocina que heredamos de nuestra marinería.

Ya hicimos referencia en un capítulo anterior a la importancia que ha tenido el pescado en la dieta de los sanluqueños desde tiempo inmemorial. Y también dejamos apuntadas las diferentes artes usadas durante siglos por los pescadores de Sanlúcar. Así como cada especie marina ha requerido de un sistema de captura bien definido, su elaboración culinaria también ha precisado de un proceso diferenciado con el uso de los ingredientes más adecuados a los sabores que debían corresponder a cada plato de pescado. Es esta la base fundamental de una cocina marinera fuertemente enraizada en la tradición de las comidas que eran elaboradas, a bordo o en tierra, por los propios pescadores, perfectos conocedores del secreto de realzar de la mejor forma el sabor de las diferentes especies marinas y cuyo saber hacer habría de trascender a la generalidad de los hogares sanluqueños en recetas inéditas y celosamente mantenidas en la memoria doméstica durante generaciones.

Es, pues, a la gente de la mar de Sanlúcar a quienes se debe el gran salto cualitativo de la que debió ser una simple alimentación de supervivencia, a base de productos marinos y que, posiblemente, no debió ir más allá del pescado cocido, a una gastronomía en toda regla, definida por una buena relación de exquisitos y bien elaborados guisos marineros. Obligados a aprender a cocinar durante sus ausencias temporales del hogar familiar, los pescadores desarrollaron una destreza culinaria que ha hecho que muchas de sus elaboraciones estén situadas con rango de prestigio dentro del recetario de la cocina sanluqueña. Unas recetas que ya traspasan con mucho las fronteras locales, hasta ofrecerse en las más selectas tiendas gourmet a través de las marcas de conservas «Senra» y de «La Cocina de Sanlúcar», ésta incorporada al grupo vasco Azkue, ambas con fábricas en Sanlúcar

*   *   *

Desde siempre ha sido Bajo de Guía el lugar del que emanaron los efluvios de la cocina marinera de Sanlúcar. Antes de constituirse en una de las ofertas de comida pescadora más atractivas de toda España, tanto por la indiscutible calidad de sus productos, como por su situación de privilegio en el mismo estuario del Guadalquivir y frente a Doñana, Bajo de Guía fue un barrio de *jarampas*, que minimizaban las necesidades vitales de sus vecinos en tiempos de carestía, y de tabernas de *zafos*, donde los patrones de pesca repartían equitativamente a sus tripulaciones las ganancias de la jornada marinera acompañadas de unos vasos de vino. De *zafos* y de *jarampas* sabe mucho mi buen amigo y escritor Juan José García Rodríguez cuyo conocimiento de la Bajo de Guía de tiempos pasados, cuando el barrio aún rebosaba de vida alrededor de las coloristas actividades pesqueras y posterior subasta del pescado, nos lo expone en su libro *Marejada* (2016), una obra con sabrosísimos relatos costumbristas en cuyas páginas late con fuerza la presencia del popular enclave marinero de Sanlúcar.

A hablar de la cocina pescadora de Sanlúcar hemos obligadamente de hacer especial mención a la excepcional *acedía* capturada con artes de trasmallo. La alimentación y las características de la confluencia de agua dulce y salada de la desembocadura del Guadalquivir en las que se cría, confieren una textura y un sabor singulares a la *acedía de Sanlúcar*, un pescado que no tiene mejor preparación gastronómica que ser frita con el saber hacer que tienen a gala los cocineros de Bajo de Guía; aunque tampoco están mal si las cocinamos *en tartera*, una especialidad sanluqueña muy adecuada para la preparación de este pescado.

Sometida al mimo del arte de freír, que es alcanzado con la seriedad de un oficio perfectamente conocido, se puede llegar a resaltar toda la exquisitez del sabor a frescura marina que es tan característico de la *acedía sanluqueña*. Para su fritura hay que huir de la harina de panadero y optar por una harina de trigo duro que en Sanlúcar llaman «harina de freír», capaz de mantener la jugosidad del pescado. Antes de salarlas y pasarlas por la harina, se desescaman con un cuchillo por su lado más oscuro, se le retiran las tripas y se lavan bien. El aceite para freír las acedías ha de estar bien caliente y ser de oliva virgen extra y no utilizado en frituras anteriores, aunque hay quien dice —cuestión de gustos— que se puede usar perfectamente aceite de girasol. Ya una vez fritas y bien escurridas, las acedías pasan directamente al plato donde el comensal disfruta de una blanca y sabrosísima carne muy fácil de desprender de las espinas.

Las consideraciones sobre la fritura de la acedía con esa habilidad de freír el pescado en Sanlúcar, no fácil de encontrar en otras latitudes, son válidas para las demás especies susceptibles de ser incluidas en una buena ración de «fritos variados», los surtidos de pescado de Sanlúcar de características cualitativas tan alejadas de los *seudoturísticos* y cursimente llamados «pescaítos fritos», a menudo tan rutinarios, toscos y, desgraciadamente, demasiado extendidos a manos de desaprensivos aficionados.

Bajo de Guía es también el reino de los guisos marineros. Desde el atún a la raya, pasando por el bacalao, el cazón, los chocos, el rape, las almejas, la corvinata, la dorada, la lubina, la herrera, el lenguado..., y tantas otras especies de enormes posibilidades gastronómicas, reciben en el antiguo barrio de pescadores de Sanlúcar el trato cocinero más adecuado. El cazón, o los cazones, pues son numerosas las clases de escualos conocidas por este nombre, es, posiblemente, el centro de los guisos marineros más populares que los habitantes de Sanlúcar han puesto sobre sus manteles, tanto para nutrirse ellos mismos, como para agasajar a sus huéspedes. La variedad de su preparación culinaria a la marinera, en adobo, en amarillo, con tomate, encebollado, con arroz, empanado, a la plancha, con patatas..., o simplemente frito, nos manifiesta la familiaridad y la dilatada presencia de este pescado en la cocina sanluqueña.

Entre los crustáceos, las gambas blancas y los langostinos, de los que ya hablamos suficientemente, merecen capítulo aparte por derecho propio, siendo generalizada la atribución de matrícula de honor gastronómica. Tanto de las gambas, como de los langostinos, dejaremos dicho que dan gusto solamente el verlos y no digamos el consumirlos, sean cocidos, al ajillo, hechos a la plancha o como ingredientes de lujo en guisos, sopas y ensaladas. Y hasta los *chiuatos*, esos langostinos y gambas de aspecto tan poco atractivo por haber sido capturados durante la muda de sus caparazones, son excepcionales bocados tras ser sometidos a su fritura.

El gran chef Fernando Bigote, rey del langostino

Para conseguir los langostinos en las mejores condiciones de presencia y sabor, es fundamental someterlos a un adecuado proceso de cocción. Con este fin, nos permitimos apuntar las siguientes normas sugeridas por Fernando Hermoso, el genial cocinero del restaurante *Casa Bigote*:

— En primer lugar, debe prepararse un recipiente de capacidad suficiente en el que habremos puesto agua muy fría (temperatura cercana a 0° C), donde disolvemos sal hasta saturación. A esta salmuera le agregamos hielo. No debe preocuparnos la cantidad de sal, ya que el langostino retendrá la cantidad justa.

— Seguidamente en una olla se pone a hervir agua, sin sal, en una cantidad adecuada al volumen de langostinos a cocer. Para este tipo de cocción no es conveniente utilizar agua de mar como se recomienda en algunos tratados de cocina.

— Una vez iniciado el hervor se añaden los crustáceos y se deja que el agua rompa a hervir de nuevo, momento en que se van sacando y se echan escurridos en el recipiente que contiene la salmuera, donde se dejan reposar hasta que queden bien fríos. En caso de conservar los langostinos ya cocidos en frigorífico, preferiblemente durante un tiempo no superior a 24 horas, es conveniente taparlos con un paño húmedo para que no se sequen.

En ocasiones tenemos necesidad de congelar langostinos que hemos adquirido frescos y que queremos reservar para ocasiones señaladas, como Navidad, en que sus precios en el mercado pueden llegar a ser desorbitados. En estos casos debemos colocar perfectamente en un recipiente adecuado los langostinos, cubriéndolos totalmente con agua embotellada —no del grifo, cuyo sabor a cloro pasaría a los crustáceos— e introduciéndolo seguidamente en el congelador. En el momento previsto para su consumo se saca el recipiente del congelador y se pasa a otra zona del frigorífico durante el tiempo necesario hasta su total descongelación, utilizando para su cocción las mismas normas que hemos señalado para los langostinos frescos.

De nuevo, Benito Pérez Rodríguez, el brillante académico de la Buena Mesa, nos versifica al langostino, en esta ocasión para ofrecernos unos consejos muy de agradecer sobre la forma que él recomienda para su consumo:

Tienen que ser pelados con los dedos.
Tienen que ser comidos con las manos.
Tienen que ser paladeados lentos.
Comidos sí, más nunca devorados.
Antes de comenzar la gran faena
es necesario recordar al mar,
brindar con una copa —¡manzanilla!—
y dar gracias a Dios por el maná.
Cumplimentado el ritual prefacio
con ternura sutil se decapita
dejando la cabeza a buen recaudo
pues, al fin, viene a ser la golosina.
Luego se monda el manto con cuidado
y se secciona con primor la cola;
si algún trozo quedárase adherido
es el primer bocado que se toma.
Se inicia formalmente la manduca
del sonrosado cuerpo desvestido.
Bastarán dos bocados suculentos
para ser degustado y deglutido.
Liba con pausa un sorbo de buen vino
en paréntesis breve y digestivo
que antes de faenar en la cabeza
el erupto conviértase en suspiro.
A la testa le llega ya su turno.
Es la succión sonora inevitable.
Un sorbetón, murmullo del deleite,
pone la lengua a prueba deleitante.
Segregado el calcáreo capirote
y el superfluo bigote desasido
aplíquese la lengua con fervor
ingiriendo total su contenido.
Te has tragado un pedazo de la mar.
Te has jamado un océano de gusto.
Te ha quedado en el cielo de la boca
un deje marinero y en su punto.
Decápodo es el rico langostino.

Dicen que diez «por barba» es lo correcto,
más yo prefiero una ración más larga:
catorce es mi guarismo predilecto.
Catorce langostinos medianitos.
Catorce gulas o catorce versos.
Catorce es la medida en mi condumio.
La dimensión exacta del soneto.

De la galera, de presencia menos agraciada que el langostino, hemos de decir que su reciente revalorización gastronómica corresponde a la justicia que se debe a una sabrosidad, especialmente acentuada, en las que en Sanlúcar se les llaman «llenas» (de carne) y de «coral» (con huevas). Crustáceo muy familiar entre los sanluqueños, la galera se consume simplemente cocida o como ingrediente en la confección de sopas.

Desde luego, las galeras a cocer, tanto hervidas como al vapor, habrán necesariamente de estar vivas. Si se opta por su cocción al vapor, hemos de poner en una cacerola, para una cantidad de galeras de aproximadamente un kilogramo, unos 200 centímetros cúbicos de agua con sal, echando seguidamente los crustáceos cuando el agua empiece a hervir y tapando el recipiente. Sin destapar la cacerola se dan varias vueltas bruscas al contenido hasta conseguirse un punto de cocción uniforme. En el caso de hervirlas, se pone al fuego agua en mayor cantidad y sal, añadiendo las galeras en el momento de ebullición y dejando pasar un par de minutos a partir del instante en que el agua rompa a hervir de nuevo.

El capítulo de la cocina marinera de Sanlúcar se amplía con la presencia de moluscos, bien representados en su costa con excelentes *almejas* y *coquinas* que posibilitan el enriquecimiento de la carta local con un buen número de platos de entrada. Y hasta encontramos la singularidad gastronómica que representa la *ortiguilla*, una anémona, la llamada *anemonia sulcata*, de meticulosa preparación y sabor delicado y único.

Nunca destacó Sanlúcar por poseer una cabaña ganadera de importancia. Una de las causas que determinaron esta situación ha sido la práctica ausencia de pastizales en su término municipal, concretándose esta histórica escasez de ganadería sanluqueña en una limitada presencia de ganado vacuno para atender la producción lechera, escasos rebaños familiares de ganado lanar y cabrío, apenas testimoniales, y crianza doméstica del cerdo. Esta insuficiencia de carne local para el consumo, se paliaba con la compra externa de cabezas de ganado destinadas al sacrificio en el matadero municipal para atender el suministro a la población a través de las carnicerías.

La crianza doméstica de aves de corral y la actividad cinegética proporcionada por la presencia de una variada volatería y abundancia de liebres y conejos, fundamentaron un buen capítulo del recetario sanluqueño. De la vecina Doñana, y también de La Algaida, procedían venados y jabalíes y un sinnúmero de especies de aves de gran interés gastronómico. De esta forma, las piezas de caza mayor, los patos, las gallinas y pollos, pavos, pichones, palomas torcaces, perdices, tórtolas, avecillas menores, gallaretas, codornices, ánsares..., elaborados de acuerdo con un antiguo recetario que aún perdura, entraron a formar parte de la dieta tradicional de los sanluqueños.

«La caza —nos cuenta Javier Hidalgo en su libro *Recuerdos de la marisma* (2005)— presentaba una gran diversidad de posibilidades desde el punto de vista de recurso alimenticio». «Entre las piezas de caza mayor —continúa el ilustre ornitólogo y bodeguero— quizás sea el gamo el que tiene la carne de mayor calidad, aunque un jabato, que esté gordo y no sea viejo, me resulte personalmente más atractivo desde el ángulo de vista gastronómico. El venado, sin desmerecer, ocupa un nivel inferior frente a los anteriores».

En Sanlúcar se estofan los ánsares y los venados con mucha manzanilla, mucho laurel y verduras en abundancia, igual que la carne de jabalí, que también es susceptible de ser mechada. Las gallaretas se cocinan con tomate; los patos, de mil maneras; las avecillas menores, refritas con ajo y cebolla, y las perdices, tórtolas y codornices, se destinan al enriquecimiento de los pucheros.

La matanza doméstica del cerdo, para cuyo engorde se utilizaban los restos de comidas —los «desperdicios»— que se recogían por las casas de los vecinos, ha sido muy practicada hasta época no muy lejana. Acompañada del jolgorio que siempre caracterizó el rito de este sacrificio, la matanza suministraba toda la variedad de derivados porcinos, con inclusión de morcillas, chorizos, chicharranos y mantecas. La manteca «colorá», manteca de cerdo cocinada con trozos de carne a la que se añade el pimentón, que le proporciona el color anaranjado, y laurel, ha sido muy usada en otro tiempo por las clases humildes de Sanlúcar untada al pan, a veces como único alimento.

Y qué podríamos decir de los huevos, uno de los más humildes, antiguos y agradecidos recursos culinarios del hombre. Cocidos, pasados por agua, fritos, revueltos o en tortilla, el huevo ha pasado de ser modesto recurso *salvavigilias*, a plato de postín cuya máxima representación en la cocina sanluqueña es la excepcional *cazuela de huevos a la marinera*, uno de los platos magistrales de *Casa Bigote* en la sanluqueña Bajo de Guía.

La gran tradición de la dulcería andaluza, heredera en buena parte de los gustos impuestos durante la etapa musulmana, tiene en Sanlúcar de Barrameda una brillante representación de elaboraciones genuinas que se siguen ofreciendo en los más que correctos obradores conventuales y artesanos. Igualmente, muchos hogares sanluqueños, en donde sigue perviviendo la costumbre de consumir determinados productos de pastelería en fiestas señaladas —Navidad, Semana Santa...— mantienen la tradición de estas elaboraciones domésticas haciendo uso de un recetario fuertemente arraigado.

Volviendo a la importancia que llegó a alcanzar el rito de las meriendas en las carreras de la playa, nos dice mucho el hecho anecdótico que tuvo lugar en 1942. Aquel año, por equivocación de la Comandancia de Marina, se facilitaron unas tablas de marea erróneas, haciendo imposible el desarrollo del programa de carreras en las tardes de los días señalados. Sin embargo, a pesar de que las competiciones tuvieron lugar muy de mañana, en los palcos se desarrollaron las meriendas como si se tratase de un horario vespertino.

El actual recinto de palcos, que es centro de animación de las noches de carreras hasta la madrugada, tiene su origen en las meriendas de antaño. Aunque hoy los aperitivos y demás viandas que se ofrecen son un fiel reflejo de la estandarización inherente a su casi generalizado carácter industrial, todavía podemos encontrar en los actuales palcos algunas excepciones dignas de alabanza empeñadas en mantener la tradición con la presencia de una sugestiva repostería doméstica.

Posiblemente, sea el *tocino de cielo* el dulce más reconocido en el entorno sanluqueño. El origen conventual de esta singular golosina se encuentra en la vieja práctica de clarificar los vinos de la zona con clara de huevo, resultando una importante cantidad sobrante de yemas que eran vendidas a bajo precio o regaladas por los bodegueros a algunas congregaciones religiosas.

Las *alpisteras*, las *bizcotelas*, las *carmelas*, las *sultanas*, los *cortadillos de cidra* y los *bollos de leche* son dulces que desde siempre han elaborado los muchos artesanos pasteleros de Sanlúcar, siendo la bollería *La Merced*, de la familia Guerrero, y *Casa Pozo*, lamentablemente cerrada en 2016, los obradores más clásicos de la ciudad. Junto a ellos, en los conventos de clausura femeninos aún pervive una repostería de «torno y Ave María» (conventos de clarisas de Regina y de Madre de Dios, de monjas dominicas) con sus *tortas de huevo y polvorón*, *pastas de té*, *pestiños en almíbar*, *torrijas* y una variada dulcería por encargo. En pastelería industrial es muy de destacar *La Rondeña*, empresa referente en toda Andalucía con un gran catálogo de bollería tradicional, bombones, polvorones y mantecados, especialidades navideñas y mazapanes, todos ellos de excelente elaboración, siendo su producto estrella la Masa Real, una receta que fue creada por su fundador, el rondeño Juan Jiménez Domínguez.

El delicioso *arrope* de las vendimias de nuestra infancia parece que llegó a Sanlúcar de manos de los meleros manchegos que en otro tiempo lo vendían pregonándolo por las calles. La primera fase de su paciente elaboración con mosto fresco, cocido preferentemente en caldera de cobre, concluye cuando el líquido queda bien espeso. Después de reposar durante todo un día, el paso siguiente consiste en echar en el mosto cocido trozos de calabaza previamente encalados, pudiéndose añadir también boniato troceado o gajos de naranja, estos sin necesidad de pasar por la cal. Con estas adiciones se vuelve a cocer el mosto hasta perder algo más de la mitad de su anterior volumen, pudiéndose consumir una vez enfriado.

El máximo exponente de la gran tradición heladera de Sanlúcar es *Helados Toni*, hoy en lo más alto en la clasificación del prestigio heladero español. Situada en la Plaza del Cabildo, esta heladería cuenta con una espléndida carta de especialidades artesanas, compuesta por más de un centenar de sabores y una excepcional tarta elaborada con bizcocho y helados de vainilla y chocolate, que bien podría ser el mejor remate a una buena comida o el refrescante y sabroso *punto y final* a un sustancioso recorrido por los bares de tapas de la ciudad.

UNAS SUGERENCIAS PARA TAPEAR Y COMER EN SANLÚCAR

«En Sanlúcar —dice el periodista y escritor gastronómico Pepe Monforte— existe una pareja de hecho, perfecta: el langostino y la manzanilla. Los dos pasean desde la Plaza del Cabildo, capital gaditana de la tapa, hasta Bajo de Guía, reserva natural del guiso marinero. Por en medio paisajes de acedías, tortillitas de camarones, tapaculos, puntillitas, castañitas, chovas y papas aliñás... Sanlúcar siempre está en flor».

La variada y genuina oferta gastronómica distribuida por el paisaje urbano sanluqueño, tan magistralmente resumida por Pepe Monforte, fue el fundamento de la elección de la ciudad como *Capital Española de la Gastronomía 2022*, saliendo triunfadora frente a otras ciudades seleccionadas para optar a la más importante distinción que se otorga actualmente en España en materia gastronómica. Para el jurado, formado por la «Federación Española de Periodistas y Escritores de Turismo» —entidad organizadora del evento—, por «Hostelería de España» y por representantes de las instituciones y profesionales del turismo y la comunicación, la candidatura sanluqueña contaba con suficientes valores como para hacerla acreedora a tan alto reconocimiento. Antes que Sanlúcar, primera ciudad no capital de provincia que accedía a este galardón, fueron reconocidas, entre otras, las ciudades de

Logroño, Vitoria-Gasteiz, León, Huelva o Murcia, tradicionales centros españoles del buen comer.

El reconocimiento de Sanlúcar como *Capital Española de la Gastronomía 2022* con su permanente presencia en los medios de comunicación nacionales e internacionales durante todo un año, ha supuesto el afianzamiento de la ciudad como destino gastronómico, un estimable avance en aspectos tanto cualitativos como cuantitativos de la oferta culinaria local y la consideración de Sanlúcar de Barrameda como uno de los indiscutibles reinos de la tapa en España.

Vitrina con tapas

Parece que existe acuerdo unánime con respecto a la localización en la Baja Andalucía del inicio de la costumbre de la tapa. Más brumoso se nos presenta el descifrar el origen de este hábito tan extendido de acompañar la bebida con aperitivos sólidos o pequeñas raciones. Como no nos sentimos predispuestos a la polémica y nos parecen aceptables, por verosímiles y cercanas entre sí, cuantas opiniones se han vertido al respecto, estamos en nuestro derecho de considerar como más fiable lo que sobre este asunto escribieron los sanluqueños, Antonio Pedro Barbadillo y Julio García Ortega.

En uno de los «aloques» que Toto Barbadillo nos dejó publicados en *Diario de Cádiz* y que fueron recogidos posteriormente en un libro recopilatorio de sus artículos costumbristas en ese periódico, nos dice:

> Se hacía referencia al origen de su definición (de la tapa), al encargo que le hizo cierto militar en el Casino del Ejército a un asistente, enviándolo al bar de enfrente por una caña de manzanilla, indicándole que le pusiera una loncha de jamón para evitar durante el traslado cualquier contaminación de polvo o insectos. Antojándoseles a los contertulios tal procedimiento, pidieron más cañas de manzanilla, con su «tapa» correspondiente. Si no es cierto, al menos tiene un origen bonito y si no fue el inicio de esta pequeña historia, sería otra parecida pues en el diccionario se define la tapa como rodaja de embutido que se sirve sobre un vasito de vino.

Por su parte, Julio García Ortega, en su artículo *Las tapas*, aparecido en la revista *Sanlúcar de Barrameda* correspondiente a su edición de 1997, nos relata de la siguiente forma el origen de tan arraigado hábito:

> Muchos años atrás existía la costumbre entre los dueños de las bodegas de reunirse al atardecer, finalizadas las faenas del día, durante los meses de primavera, verano y parte del otoño, en los acogedores patios de sus locales, bajo el emparrado que cubría tales patios, a tomar unas copas de manzanilla, acompañados de otros compañeros y amigos. Disfrutaban, además, de la brisa de Poniente que llegaba del Coto, llena de aromas de pinos y lentiscos tras sobrevolar la orilla y las dunas de la playa. Esa brisa tan particular y característica del clima sanluqueño y tan sumamente grata. Pero ese benéfico airecillo arrastraba, sin proponérselo, un inconveniente. Era, y es verdad, que refrescaba el ambiente, pero no era menos cierto que mecía levemente las hojas del emparrado, dando lugar a que de ellas se desprendiese un ligero polvillo. Una especie de «flor» que, inevitablemente, se posaba en el vino.

Era el único contratiempo, comentado y lamentado una vez y otra por la concurrencia y, naturalmente, conocido por el personal encargado de atender a la tertulia. Y a uno de esos encargados, hombre atento, servicial, avispado e inteligente, como suele darse con frecuencia en el gremio de bodegas, se le ocurrió una tarde acercarse a la tienda de comestibles de la esquina y comprar una ración de embutidos, encargando al «montañés» que lo cortase en finas rodajas con las que, al volver al patio, se permitió cubrir las copas, ante el asombro y complacencia de todos los presentes que felicitaron a aquel buen hombre por tan acertada idea.

Al margen de tantísimas opiniones acerca del origen de la tapa, en realidad, lo que de verdad importa cuando tratamos de cocina y de gastronomía, es la tapa en sí y el rito del tapeo —el ir de tapas—, que es como se define a su consumo itinerante que nos posibilita el disfrute del paseo, la conversación y el goce de olores y sabores.

Nadie mejor conocedor de la tapa y de su mundo que Pepe Monforte, cuya revista digital *Cosas de Comé*, ofrece a modo de «tapapedia» la más completa y rigurosa información sobre las tapas y el tapeo gaditanos, todo un tratado de «tapatología», ciencia que Monforte, *autotitulado* Inspector del Colegio Oficial de Tapatólogos de la Provincia de Cádiz, define como «área del saber que estudia los fenómenos masticables y analiza tanto la tapa como su hermano mayor el plato, sea sopero o llano».

En su faceta gastronómica, la jerezana Itos Vázquez, en su libro *Tapas de la cocina española* llega a confrontar la tapa con el consumo de pizzas, hamburguesas, *hot-dogs* y similares espantos, otorgándole un importante papel como «alternativa al *fast food* basado en productos industriales y de dudoso valor alimenticio según las normas de nutrición que actualmente se consideran más adecuadas».

Junto a las distracciones que ofrece cualquier ciudad de sus dimensiones y población, Sanlúcar añade su tapeo por un diverso y atractivo entramado urbano; por calles y plazas cuya animación cotidiana se acrecienta en los días festivos, para transformarse en bullicio durante las fechas en que transcurren sus fiestas más señaladas. En este momento de permanente viveza ciudadana, tan propicio para el encuentro, para el saludo y para la efusión, surgen los ceremoniosos modos del tapeo como parte del riquísimo patrimonio cultural de los sanluqueños.

Como en pocos lugares, el tapeo se presenta en Sanlúcar de Barrameda como degustación de su tradición cocinera y como magnífica iniciación al conocimiento gastronómico de una ciudad que, afortunadamente, nunca ha querido sofisticar con pamemas ni falsas modernidades, sus sabores de siempre. En cada barrio, en cada rincón sanluqueño, sin estar en absoluto obligados a seguir rutas preestablecidas, podemos encontrar los más genuinos sabores del campo y del mar de Sanlúcar en unas propuestas que nos son ofrecidas con apabullante largueza. Desde la misma orilla del Guadalquivir al Barrio Alto, desde La Algaida a La Jara, de norte a sur y de este a oeste, el tapeo es un lugar común para los sanluqueños, quienes de toda la vida han practicado esta arraigada costumbre en la que la diversidad de compañías y sabores se muestran tan recomendables para el paladar y para el espíritu.

Las tapas, esas porciones alimenticias tan perfectamente medidas, se degustan en Sanlúcar de mil maneras. En sus presentaciones frías o calientes; en sus guisos marineros y de tradición pescadora; en sus langostinos, gambas, cigalas, bogavantes, calamares, chocos, almejas y coquinas; en sus frituras y adobos; en sus berzas y cocidos; en sus guisos de carne y caza; en la excepcionalidad de sus aliños y refrescantes ensaladas; en sus preparados a la brasa o plancha; en sus productos de temporada como la galera, los caracoles, las habas, los pimientos de freír, o las berenjenas..., y hasta en la sencillez de un ajo caliente, tan reconfortante en los primeros fríos del invierno, cuando los mostos aclaran para magnificar su degustación con tan buen acompañamiento.

La famosa barra de Casa Bigote

Sanlúcar es un buen sitio para «comer de tapas» con los amigos o con la familia. La enorme variedad de propuestas posibilita la comida o la cena si en algún momento deseamos la comodidad de prescindir de la etiqueta y de la mayor seriedad que comporta el restaurante. Y, desde luego, con la garantía de la satisfacción ante tan suculenta oferta que nos incita a degustar, incluso incidiendo en la repetición, tantísimas sugerencias. Restaurantes, bares, cervecerías, tabernas, mesones, asadores, freidurías, tabancos, despachos, mostos, chiringuitos y ventas conforman la rica y variada nómina hostelera de Sanlúcar, de diversas atmósferas y ofertas, capaz de dar satisfacción a todas las exigencias.

Marinero en su mayor pureza y no exento de cierto cosmopolitismo es el ambiente que se respira y se degusta en los afamados establecimientos de Bajo de Guía, donde podemos optar por una comida convencional o por comer de tapas en comedores y terrazas con vistas al Guadalquivir y a Doñana. En este antiguo enclave de pescadores erigido hoy en uno de los más famosos centros gastronómicos del sur de España, son las cocinas de *Paco 18*, antiguo *Paco Secundino* y, muy especialmente, la de Fernando Hermoso, de *Casa Bigote*, con sus hijos César, dirigiendo los fogones, y Fernandi, como jefe de sala, las que han venido marcando durante muchos años la pauta cualitativa de la mejor cocina marinera de Sanlúcar. «La concepción del mundo cambia viendo la puesta de sol en *Bigote* tomando langostinos», escribió el sociólogo Lorenzo Díaz en su libro *Los sabores perdidos*.

Bodegas Barrero

Junto a *Casa Bigote* y *Paco 18*, *Poma* es otro veterano restaurante del pórtico de Bajo de Guía que siempre ha destacado por sus excelentes mariscos y especialidades, como los *langostinos con tomate* y unas *coquinas al ajillo* de auténtica antología. Justo al lado de *Poma*, *La Lonja*, el restaurante de Juan Manuel Ruiz Becerra, ofrece los productos clásicos de la zona: langostinos cocidos y pescados fritos, guisos marineros y arroces.

A la entrada de Bajo de Guía se encuentra *El Mirador de Doñana*, donde «Pigüi» Parejo oferta en su carta platos clásicos de la cocina pescadora sanluqueña alternada con mariscos, buenos arroces y sugerencias innovadoras. En el otro extremo de este enclave gastronómico, adyacente a la zona porticada, está *Joselito Huerta*, taberna fundada en 1955, cuando el torero mexicano que da nombre al establecimiento triunfaba por los cosos españoles, un local tan amplio como su carta de mariscos y excelentes guisos marineros a precios muy ajustados.

También de reminiscencias pescadoras muy definidas, sin importar su mayor despegue de la orilla atlántica, son los bares y tabernas de El Barrio —llamado así, a secas, sin otro añadido—, donde siempre latieron con fuerza los aires flamencos y el espíritu carnavalesco de la ciudad, el barrio del gran Manolo Sanlúcar, de Encarnación Marín —inolvidable *La Sallago*— y de José Ferreira, quien fuera más conocido por Joselito *el Colorao*, alma de comparsas en tiempos de prohibición del carnaval. Precisamente el *Bar El Colorao* (Pirrado, 20), donde se rememora en un azulejo la figura carnavalesca de José Ferreira, es uno de los establecimientos más populares y frecuentados de este barrio, donde a unos precios muy asequibles, se puede comer un buen pescado frito en raciones bien medidas para uno o varios comensales. Muy cerca, la *Taberna der Guerrita* (San Salvador, esquina a Rubiños), es un clásico bar de parroquianos, que manteniendo el sabor de antaño se ha convertido en un santuario enológico de la mano de Armando Guerra, hijo del fundador, para ofrecer muy buenas y variadas tapas que acompañan su dilatadísima y bien seleccionada carta de vinos locales y de toda España. A estos establecimientos de El Barrio, hay que sumar el nuevo despacho de vinos de *Bodegas Barrero*. con oferta hostelera en un agradable y acogedor patio donde se ofrece una atractiva selección de tapas frías, excelente jamón y mejor queso que se acompañan con la prestigiosa marca de manzanilla *Gabriela* y los demás vinos de la casa.

En el número 32 de la calle Isabel II, junto al callejón del Alto de las Cuevas y en zona colindante con la plaza de toros de El Pino, se encuentra el bar *Las 2 Caridad*, nombre que alude a la madre y a la abuela de «Johnny» Ramos, actual propietario de este establecimiento. Ramos, quien antes de meterse a hostelero fue pescador, ha cambiado totalmente el derrotero anodino de este bar que antes era conocido como *El Triángulo*. El secreto de este éxito es el buen conocimiento de la calidad de los pescados y mariscos que aquí, curiosamente, se venden al peso y a un precio más que razonable. En el *Rincón Bético* (Callejón de Guía, 24), un bar con pequeño salón siempre atestado y cuya decoración ha dedicado su dueño, Carlos Juez, al Real Betis Balompié, el equipo de su devoción, son especialistas en freír los más representativos pescados de Sanlúcar —acedías, salmonetes y pijotas— y un choco mediano que aquí fríen entero.

Puntillitas de La Espuela

Igualmente, pescadora, con importantes influencias marismeñas, es la cocina que se oferta en Bonanza y sus aledaños, con una excelente relación calidad/precio. En el mismo puerto, junto al faro, brilla con luz propia *La Campana*, un clásico del lugar hoy remodelado con unos interesantes guisos marineros, y *Pablo Tapas*, con una buena carta de acertadas propuestas con toques innovadores. En el Camino de San Jerónimo, también en los aledaños del puerto, el *Bar Mariano*, un lugar de amplia y fiel clientela, destaca por sus excelentes pescados fritos y sus mariscos en platos para compartir y sus chocos, que también fríen sin trocear.

Incluso en el más agricultor y bodeguero Barrio Alto, donde la copa y la tapa se disfrutan entre sensaciones que nos evocan un pasado de plenitud histórica, podemos encontrar una buena relación de bares en los que los productos del trabajo de la marinería son también el fundamental sustento de sus cartas. Entre ellos *El Conejo*, en la confluencia de la Plaza de la Paz con la calle Jerez, y frente a él el *Bar del Partido Comunista*, donde la buena fritura de sus pescados a precios ajustadísimos le obligarán a cargarse de paciencia hasta conseguir mesa, ya que aquí se niegan a admitir reservas. Casi a los pies de la torre de la Iglesia Mayor de Nuestra Señora de la O y muy cerquita del palacio ducal de los Medina Sidonia, se encuentra *Bar Parada El Gallego* (Plaza de la Paz, 4), que hace años deslumbraba con la grandiosidad de sus tapas y raciones de desmedido tamaño y que hoy ha vuelto por sus fueros, retomando la filosofía gastronómica que lo hizo tan célebre. *El Arquillo*, con freiduría al modo tradicional, en la calle Descalzas; *El Loli*, con una buena cocina genuinamente sanluqueña, en Pozo Amarguillo; *Los Aparceros*, también en Pozo Amarguillo, un bar de agradable ambiente popular con vino y mosto de propia cosecha y siempre dispuesto a gratificar la presencia de sus clientes con unos impagables ajos, berzas o potajes; *La Espuela II*, en Callejón de la Zorra, con magníficos fritos de pescado, buenísimas galeras en temporada y unas puntillitas que bien pudieran ser las mejores de Sanlúcar, y *El Rinconcillo* (Santiago, 3), una taberna de limitadas dimensiones donde «Maolito» Damián ofrece sus tapas frías acompañadas de buena manzanilla, son unas excelentes propuestas para realizar unos altos durante el recorrido por la Sanlúcar más histórica. Al igual que *La Herrería de*

Paco Félix (Trabajadero 2°), un lugar lleno de encanto que ocupa una antigua herrería que su fundador, el inefable y recordado Paco Enríquez, decidió hace más de medio siglo abrirla como bar en el que servir sus propios mostos y vinos, ante la decadencia de un oficio avasallado por la creciente mecanización agrícola. Desde hace unos años es Félix, el hijo de Paco Enríquez, y su esposa Macarena, quienes regentan este establecimiento en el que los vinos son muy bien acompañados con tapas frías, con un muy bien conseguido rabo de toro, con papas aliñás o con una berza en el mejor estilo de los cocidos sanluqueños.

La interminable carta de tapas de Casa Balbino

Siguiendo en el Barrio Alto, encontramos en la señorial calle Caballeros, anexo al hotel *Posada de Palacio* y frente al Palacio de Orleans —actual sede del Ayuntamiento— el restaurante *El Espejo*, hoy situado entre lo más selecto de la oferta gastronómica sanluqueña. Su chef, José Luis Fernández Tallafigo, ofrece aquí una excelente cocina moderna elaborada con los mejores productos del campo y del mar de Sanlúcar en un marco de gran encanto: el precioso patio andaluz de unas antiguas caballerizas del siglo XV. Entre sus especialidades más demandadas: el *tartar de atún rojo de almadraba con ajoblanco, las croquetas de puchero y las pijotas fritas en tempura con salsa tártara.*

Las famosas tortillas de camarones de Casa Balbino

Por supuesto, no podríamos olvidar de ningún modo la desbordante propuesta de tapas del centro de la ciudad, con punto neurálgico en la Plaza del Cabildo, desbordada por una interminable sucesión de bares y terrazas siempre animadas. Aquí se encuentra, con esquina a la calle Victoria, *Casa Balbino*, veterano establecimiento que cuenta con una de las barras más famosas de España, donde los hermanos Izquierdo ofrecen una larguísima relación de especialidades con la que pretenden abarcar toda la cocina de Sanlúcar, incluida su elaboración estrella, la insuperable «tortilla de camarones», conocida en medio mundo. Junto a *Balbino* está situada *La Gitana*, un bar también de larga andadura, referencia inexcusable en una ruta de tapas por la ciudad con sus excelentes frituras, gambas y langostinos, guisos marineros y unos excelentes boquerones en vinagre. La *Taberna Cabildo* empieza a hacerse hueco entre los bares más frecuentados de este lugar, al igual que *La Taberna de Juan* con sus tapas y raciones de guisos marineros, frituras, marisco cocido y aliños. *Lucero*, uno de los últimos establecimientos abiertos en la céntrica plaza funciona más como restaurante de elegante decoración y cocina innovadora rigurosamente de mercado, que como bar de tapas. De *Barbiana*, en la calle Ancha, con amplia terraza frente a la misma Plaza del Cabildo, ya hablamos de sus gloriosas *papas aliñás con melva* como seña más identificativa de este clásico bar con carta que incluye calamares rellenos, huevos de choco, langostinos y galeras, en temporada, como tapas y raciones más solicitadas.

La siempre concurrida terraza de Barbiana

En las inmediaciones de la Plaza del Cabildo encontramos *Puerta de la Victoria*, en la calle de su mismo nombre, donde una oferta tradicional sanluqueña se ve ampliada con sugerencias más atrevidas. La Plaza de la Victoria, vecina a la del Cabildo, se ha erigido en los últimos tiempos en un nuevo y atractivo enclave gastronómico de Sanlúcar. En ella se encuentran *Trasiego*, con acogedor salón interior y amplia terraza, un lugar muy agradable para comer a base de tapas y raciones en una carta que combina la cocina tradicional con algunos toques de modernidad; y *La Bellotera*, también con terraza, un establecimiento cuyo nombre sugiere una carta de productos derivados del cerdo, en este caso jamones, chacinas y carnes a la brasa de la cabaña porcina de la dehesa extremeña. A escasa distancia de la Plaza de la Victoria, en Banda Playa, encontramos otro selecto restaurante dentro de la oferta gastronómica más novedosa de Sanlúcar. Se trata de *Entrebotas*, dirigido, también, por José Luis Fernández Tallafigo y ubicado en el interior de las Bodegas Hidalgo-La Gitana, como señuelo de un *enoturismo* con gastronomía de altura, con carta amplia y diferentes sugerencias de menús con platos a compartir y el atractivo de unos excelentes arroces.

Entrebotas

La siempre animada Plaza de San Roque, tras el edificio del antiguo Ayuntamiento, que es hoy Biblioteca Pública Municipal, y la cercana Trascuesta, junto al Mercado de Abastos, amplían las posibilidades gastronómicas del centro urbano de Sanlúcar. Aquí, entre otros muchos establecimientos incorporados recientemente a la oferta culinaria de la ciudad, se encuentran *Casa Ballén* (Plaza San Roque, 7), con amplia terraza, muy concurrida en horas de desayuno, y con carta de guisos y platos sanluqueños en horas de comida y cena; el *Despacho de Vinos Las Palomas* (Trascuesta esquina a Carmen Viejo), donde no solo expenden vinos, sino que se puede tapear en su terraza; y *Café Pozo* (Trascuesta, 14), un clásico en el desayuno sanluqueño. A poca distancia, con entrada por Plaza Madre de Dios, se encuentra la taberna-restaurante *La Cigarrera*, ocupando el bonito patio interior de la bodega de igual nombre, donde pueden disfrutarse tapas y platos genuinamente sanluqueños en un atractivo marco decorado con motivos bodegueros y taurinos.

La Plaza del Cabildo, santuario del tapeo sanluqueño

La familia Hidalgo Prat lleva unos años ampliando las posibilidades gastronómicas de Sanlúcar con propuestas innovadoras y toques de alta cocina en los que no están ausentes algunas incursiones en la cocina de fusión, en los tres establecimientos que dirigen: *Doña Calma*, *El Veranillo de Santa Ana* y *La Lobera*. *Doña Calma*, en el complejo residencial Los Infantes, al final de la Calzada y frente a Doñana, es un luminoso y agradable gastrobar con platos para compartir, tostas, buenas ensaladillas y elaboraciones con atún rojo de almadraba. En *El Veranillo* (tramo final de Cerro Falón), junto a la especialidad de la casa —los arroces en paella, de los que se ofrecen hasta una decena de ellos— también aparecen carnes, en una carta en la que están incluidos algunos platos que son comunes en los tres establecimientos de los Hidalgo Prat, entre ellos una excepcional *ropavieja de corvina*, los *calamares rellenos* o los *langostinos guisados en pisto de verduras*. En *La Lobera* (Cerro Falón, 32), el tercero y último de los establecimientos incorporados al grupo, se han mantenido algunas de las especialidades de su anterior dueño, el popular Paco Lobo, como el *tartar de atún* o *salmón*, los *risottos* o el *wok de verdura*, a los que se han unido platos que ya son clásicos en las cartas de los otros restaurantes de sus nuevos gestores.

El Veranillo de Santa Ana

Omakase es una expresión que se refiere a una experiencia de la tradición gastronómica japonesa. Su significado podría ser «lo dejo en tus manos» y alude a lo que un cliente de un restaurante de *sushi* dice al chef para señalarle que le prepare lo que él considere oportuno. El primer *omakase* de Sanlúcar es *Daiba*, palabra que en español significa «buzo» y que ha sido elegida por indicar la anterior profesión de su propietario, José Manuel Ávila, un cocinero muy interesado por la gastronomía de Japón y que ya regentó con gran éxito la desaparecida *Taberna Argüeso* especializada en cocina del atún con variedades de sushi que alcanzaron no poca trascendencia. En *Daiba*, situado en la calle Orfeón Santa Cecilia 2, junto al Hotel Doñana, se siguen las normas de este tipo de establecimientos, ofreciéndose un menú degustación con varios pases compuestos de especialidades locales y japonesas para un muy limitado número de comensales que previamente han efectuado su obligada reserva.

Frito variado al estilo de Sanlúcar

La lista de establecimientos sanluqueños con interesantes propuestas gastronómicas se haría interminable. Sin embargo, sería injusto no mencionar algunos locales cuyas atractivas especialidades y su buen hacer no dejan lugar a la decepción. Entre ellos, *Casa Perico*, en calle Salvador Gallardo, el bar en el que Pedro Hidalgo Angelín oferta unos magníficos fritos de pescado, excelsos adobos e interesantes guisos de caza; o *El Dique*, al inicio de la carretera de La Jara, no lejos del anterior, un veterano del pescado frito, con amplia barra y dos salones muy frecuentados que funciona como autoservicio, ofreciéndose pescados como brecas o mojarras escasamente presentes en los demás bares sanluqueños.

Casa Pedro Hernández (calle Mar, esquina a Bolsa) y *Casa Pepe Ramírez* (Plaza de la Salle, 5) son dos establecimientos que durante muchos años fueron tiendas de ultramarinos y que hoy gozan de un especial atractivo. Ambos coinciden en servir un excelente jamón, buenos quesos y las mejores marcas de conservas del mercado. Y cualquiera de los dos podrían atendernos con sus propuestas de desayuno con tostadas, ibéricos y buen aceite antes de disponernos a comenzar una ruta urbana por esta histórica y monumental ciudad para, a su debido tiempo, introducirnos en tantas y tantas delicias gastronómicas como nos son ofrecidas a cada paso.

SEGUNDA PARTE

UNA CARTA DE PLATOS SANLUQUEÑOS

GAZPACHOS, AJOS, ENSALADAS Y ALIÑOS

AJO CALIENTE

INGREDIENTES (para 6 personas):

- 400 gramos de pan asentado
- 6 dientes de ajo
- 1/4 de litro de aceite de oliva virgen extra
- 1 kg de tomates
- 1,5 litros de agua
- 4 pimientos verdes
- 1 cucharada de pimentón
- Sal

PREPARACIÓN:

1.- Se majan los dientes de ajo en un mortero junto con la sal, el pimiento troceado y el pimentón.
2.- Los tomates, previamente hervidos y pelados, se machacan bien en un recipiente de barro de dimensiones adecuadas, añadiéndoles el majado anterior, el aceite y el pan troceado.
3.- Al tiempo que se sigue machacando se va esponjando el conjunto con la adición del agua caliente empleada para escaldar los tomates.
4.- Alcanzada la densidad deseada se tapa con un paño grueso de lana para mantener el calor.

Es comida informal. Se presenta caliente en el recipiente de barro donde se ha elaborado y del cual se sirve cada comensal. Se suele acompañar de rábanos.

AJO DE PAPAS

INGREDIENTES (para 4 personas):

- 1,5 kg de papas de Sanlúcar
- 2 tomates medianos muy maduros
- 2 pimientos verdes
- 2 dientes de ajo
- Un vasito de aceite de oliva virgen extra
- Sal gorda

PREPARACIÓN:

1.- Se cuecen las papas enteras y peladas. Una vez tiernas se pasan a otro recipiente.

2.- En el agua en que hemos cocido las papas se escaldan los tomates, se pelan y se machacan junto a los pimientos troceados, el ajo, el aceite y la sal.

3.- Se agregan las papas y se machaca la mezcla hasta conseguirse un puré espeso.

ALIÑO DE ZANAHORIAS

INGREDIENTES:

- Zanahorias de Monte Algaida
- Ajo
- Orégano
- Comino
- Pimienta negra
- Vinagre de Jerez
- Aceite puro de oliva virgen extra
- Sal

PREPARACIÓN:

1.- Se cuecen las zanahorias, peladas y cortadas en rodajas, hasta que queden tiernas. Se apartan y se colocan en una fuente.
2.- En mortero se majan los ajos, el comino, el orégano, la pimienta y la sal, y se agrega un chorreón de aceite, vinagre y un poco de agua, removiendo bien la mezcla.
3.- Finalmente se agrega sobre las zanahorias cocidas el aliño preparado en el mortero.

CHOCOS ALIÑADOS

INGREDIENTES:

- Choco troceado
- Cebolleta fresca
- Perejil
- Aceite puro de oliva virgen extra
- Vinagre de Jerez
- Sal gorda

PREPARACIÓN:

1.- Los chocos, limpios y troceados en cuadrados no muy pequeños, se ponen en una olla con agua hirviendo con un poco de sal, dejándolos hacer hasta que estén tiernos.

2.- Se escurren y una vez fríos se les añade la cebolleta y el perejil muy bien picaditos.

3.- Se aliñan al gusto con el aceite, el vinagre y la sal.

Opcional: Se pueden presentar con papas cocidas y troceadas.

Este proceso de aliño es válido para la preparación de las *huevas aliñadas*. Para cocer las huevas se echan en agua fría con sal y unas gotas de vinagre, y se ponen al fuego procurando quitar la espuma para que queden limpias. La cocción de las huevas depende de su tamaño, entre 10 y 20 minutos. Una vez frías se cortan en rodajas, con cuidado de no romperlas, y se aliñan. En vez de aliñadas, las huevas también se sirven acompañadas de mayonesa.

ENSALADA CON CABALLA

INGREDIENTES (para 4 personas):

- 2 caballas medianas
- 4 papas de Sanlúcar cocidas
- 4 tomates medianos maduros
- 6 dientes de ajo
- 1 hoja de laurel
- Perejil picado
- Aceite puro de oliva virgen extra
- Sal

PREPARACIÓN:

1.- Se descabezan las caballas, se abren por la mitad, se desespinan, se lavan muy bien y se salan.
2.- En una sartén al fuego con un par de cucharadas de aceite se pone el ajo laminado, el laurel y la caballa, dejándola dorar por ambos lados.
3.- Las papas, cocidas y cortadas en rodajas, se disponen en una fuente junto con los tomates, también en rodajas, y sobre ellos se ponen las caballas ya frías.
4.- Se espolvorea el perejil, ajo finamente picado, un poco de sal y un chorreón de aceite.

ENSALADA DE PIMIENTOS ASADOS CON LANGOSTINOS DE SANLÚCAR

INGREDIENTES (para 4 personas):

- 300 gramos de langostinos de Sanlúcar medianos, cocidos y sin piel
- 2 pimientos de asar verdes
- 2 pimientos de asar rojos
- 2 tomates muy maduros
- 1 cebolla blanca
- Aceite puro de oliva virgen extra
- Vinagre de Jerez
- Sal gorda

PREPARACIÓN:

1.- Se asan los pimientos y los tomates hasta que se les arrugue la piel.

2.- Se asa la cebolla hasta que pueda atravesarse fácilmente con un tenedor.

3.- En una cazuela de barro se colocan los pimientos y los tomates arropados con un paño grueso húmedo y se espera a que se enfríen antes de proceder a quitarles la piel.

4.- Una vez sin piel, se trocean a mano los tomates y los pimientos y se colocan en una ensaladera junto con la cebolla, también troceada, adornándose el conjunto con los langostinos previamente cocidos y pelados.

5.- Finalmente se aliña con la sal, el aceite y el vinagre.

Se sirve frío como plato de entrada.

GAZPACHO

INGREDIENTES:

- 1 kg de tomates maduros
- 1 pimiento verde
- Miga de pan asentado, de uno o dos días
- 2 dientes de ajo
- 1 vasito de aceite puro de oliva virgen extra
- Vinagre de Jerez
- Sal gorda
- Agua fría

PREPARACIÓN:

1.- Se lavan y se trocean los tomates y el pimiento, y se machacan en un recipiente.
2.- Se añaden los ajos machacados y se sala, amasando y espesando la mezcla con la miga de pan previamente remojada.
3.- Se añade el aceite y el vinagre al gusto y se continúa batiendo, agregándose agua fresca hasta alcanzarse la consistencia deseada.

Se mantiene en frigorífico y se sirve frío como bebida, en vaso, o en tazón o bol de consomé como entrante.

Esta receta de cocina doméstica tradicional es susceptible de ser elaborada con batidora. Para ello, se colocan todos los ingredientes en un recipiente adecuado, añadiendo agua al tiempo que se tritura la mezcla. Se puede añadir pepino, cebolla y otros ingredientes vegetales troceados, a modo de guarnición.

PIMIENTOS ASADOS AL ESTILO DE SANLÚCAR

INGREDIENTES:

- Pimientos grandes de asar (verdes y rojos)
- Cebollas blancas (de las llamadas gallegas)
- Tomates
- Aceite puro de oliva virgen extra
- Vinagre de Jerez
- Sal gorda

PREPARACIÓN:

1.- Sobre la plancha o en parrilla se asan los pimientos y los tomates.
2.- Una vez asados los pimientos y los tomates se colocan en una cazuela arropados con un paño grueso húmedo hasta que se enfríen.
3.- Se pelan los pimientos y los tomates, y se trocean a mano formando tiras.
4.- Se añade la cebolla en crudo, cortada también a tiras.
5.- Finalmente se aliña el conjunto con el vinagre, la sal y el aceite.

Se mantiene en frigorífico hasta el momento de servir.

PAPAS ALIÑÁS

INGREDIENTES (para 6 personas):

- 1 kg de papas de Sanlúcar
- 3 cebolletas muy frescas
- Perejil
- Aceite puro de oliva virgen extra
- Vinagre de Jerez
- Sal gorda
- Melva en conserva (sugerencia)

PREPARACIÓN:

1.- Las papas, limpias y con piel, se ponen a cocer a fuego medio.
2.- Una vez tiernas las papas se sacan del agua, se pelan y se cortan en rodajas gruesas.
3.- Aún en caliente, se aliñan las papas con el aceite, el vinagre y la sal y se remueve bien.
4.- Se agregan la cebolleta cortada y el perejil y se mezclan con las patatas.

No es necesario esperar a que se enfríe para servir después de colocar sobre las papas los filetes escurridos de melva si se opta por añadir esta conserva de pescado.

PIRIÑACA

INGREDIENTES:

- Tomates maduros
- Pimientos verdes
- Cebolla
- Aceite puro de oliva virgen extra
- Vinagre de Jerez
- Sal gorda

PREPARACIÓN:

1.- Los tomates y pimientos, en crudo, se lavan bien y se despepitan antes de picarlos finamente.
2.- Se adereza el conjunto con el vinagre, el aceite y la sal, removiendo bien.
3.- Se sirve como aliño de huevas, chocos o pulpo o como guarnición para acompañar el pescado asado o a la plancha.

PULPO CON PIRIÑACA

INGREDIENTES:

- Un pulpo
- Tomate
- Pimiento verde
- Cebolla
- Aceite puro de oliva virgen extra
- Vinagre de Jerez
- Sal

PREPARACIÓN:

1.- Se cuece el pulpo, se limpia y se deja enfriar.

2.- Una vez frío troceamos el pulpo en rodajas que colocamos en una fuente.

3.- Se trocean el tomate, el pimiento y la cebolla y se añade al pulpo.

4.- Se aliña con el aceite, el vinagre y la sal y se mezcla bien todo el conjunto.

SALPICÓN DE MARISCO

INGREDIENTES (para 4 personas):

- 12 langostinos de Sanlúcar medianos
- 2 huevos de choco
- 2 huevas de merluza medianas
- 2 tomates
- 2 pimientos verdes
- 1 pimiento rojo
- 1 cebolla nueva
- Aceite puro de oliva virgen extra
- Vinagre de vino de Jerez
- Sal

PREPARACIÓN:

1.- Se cuecen, por separado, los langostinos, los huevos de choco y las huevas de merluza. Se dejan aparte.
2.- En un bol se echan las verduras bien limpias y troceadas.
3.- Los huevos de choco y las huevas de merluza, una vez fríos, se cortan en rodajas y se añaden al bol junto a las verduras.
4.- Se añaden al bol los langostinos pelados y enteros.
5.- Por último, se aliña todo el conjunto con el aceite, el vinagre y la sal.

Este refrescante aliño, propio del verano, se sirve frío.

SOPAS, BERZAS, ARROCES, GUISOS, POTAJES Y COCIDOS

ALCAUCILES CON CHÍCHAROS Y PATATAS

INGREDIENTES (para 4 personas):

- 12 alcauciles medianos
- 200 gramos de chícharos (guisantes)
- ½ kg de papas de Sanlúcar
- Media cebolla
- 4 dientes de ajo
- 2 cucharadas de pan rallado
- Perejil picado
- 1 cucharada de aceite puro de oliva virgen extra
- Sal

PREPARACIÓN:

1.- Se quitan las hojas externas más duras a los alcauciles. También se les quita el tallo y se cortan las puntas de las hojas para igualarlas.
2.- Bien lavados y entreabiertos los alcauciles, se colocan en agua con unas cortezas y zumo de limón para evitar que ennegrezcan.
3.- Se pasan a una cacerola ancha y se cubren con agua, añadiendo el aceite, la cebolla y el ajo muy picaditos, el pan rallado, el perejil y la sal.
4.- Se añaden las papas troceadas por el sistema de corte y tronchado, y a continuación se agregan los chícharos.
5.- Se deja hervir a fuego medio hasta que los alcauciles y las papas estén tiernos y se haya consumido casi todo el caldo.

Para trocear las papas se hacen pequeños cortes con el cuchillo y se tronchan los pedazos. De esta forma el almidón pasa más fácilmente al caldo y le proporciona mayor consistencia.

ALCAUCILES RELLENOS

INGREDIENTES (para 4 personas):

- 12 alcauciles
- 2 cucharadas de pan rallado
- Media cebolla
- 150 gramos de jamón ibérico
- 1 cucharada de aceite puro de oliva virgen extra
- Perejil picado
- 2 dientes de ajo
- Sal.

PREPARACIÓN:

1.- Se preparan los alcauciles como en la receta anterior.
2.- Con el pan rallado, la cebolla, el ajo, el perejil y el jamón, todo muy bien picadito, se rellenan los alcauciles y se colocan dentro de una cacerola ancha en la que se les cubre con agua, añadiéndose el aceite y la sal.
3.- Añadir al caldo todo el sobrante del relleno.
4.- Se deja hacer a fuego medio hasta que los alcauciles estén en su punto.

ARROZ A LA MARINERA

INGREDIENTES (4 personas):

- 1 vaso grande de arroz
- 2 tomates maduros
- 2 pimientos verdes
- 1 cebolla
- 3 dientes de ajo
- 1 rodaja de limón
- 1 pimiento morrón
- Azafrán
- Pimienta negra
- Sal - Perejil
- Hierbabuena
- Caldo de marisco
- 1 vaso de aceite de oliva virgen extra
- 1 copa de manzanilla
- 200 gramos de choco troceado
- 200 gramos de rape cortado en daditos
- 200 gramos de langostinos de Sanlúcar

PREPARACIÓN:

1.- Hacer un sofrito con la cebolla, los pimientos, el ajo y los tomates, todo bien picado.

2.- Añadir al sofrito el choco troceado y dorar.

3.- Se agrega el rape, el azafrán, el perejil y la copa de manzanilla, rehogándose todo el conjunto.

4.- Añadir el caldo de marisco y la sal.

5.- Al comenzar a hervir a fuego suave, se va echando el arroz, removiendo para homogeneizar todo el guiso que debe quedar caldoso.

6.- Cuando el arroz se encuentre casi a punto, se agregan los langostinos pelados, el pimiento morrón troceado y la ramita de hierbabuena.

7.- Se aparta del fuego y se deja reposar durante unos minutos antes de servir.

BERZA SANLUQUEÑA

INGREDIENTES (para 4 personas):

- 300 gramos de garbanzos
- 150 gramos de habas
- 100 gramos de guisantes
- Media lechuga
- Hierbabuena
- 4 cucharadas de aceite puro de oliva virgen extra
- 100 gramos de tocino salado
- 150 gramos de carne de ternera
- 150 gramos de chorizo en ristra
- Un hueso de jamón
- Media cebolla
- 4 dientes de ajo
- 1 cucharada de pimentón
- Sal

PREPARACIÓN:

1.- Los garbanzos, que han permanecido en remojo desde la noche anterior, se colocan junto a los demás ingredientes, limpios y troceados, en una olla con agua caliente en suficiente cantidad para que pueda cubrirlos.
2.- Dejar a fuego medio hasta que los garbanzos estén tiernos. Hay que cuidar que no quede seco, añadiendo agua si fuese necesario.

Esta receta es una variante de la que ha sido tradicional berza en Sanlúcar. La más típica es la que lleva judías verdes y calabaza como verduras. De los sinónimos de *berza* y *col*, tomó este nombre, lo que nos indica que la primitiva berza debió ser de coles. La berza en Sanlúcar está considerada como el cocido con *avíos* por excelencia, aportando la mejor *pringá*.

CROQUETAS DE CARNE DE PUCHERO

INGREDIENTES (para 4 personas):

- Media taza de carne de puchero bien desmenuzada
- Medio litro de leche semidesnatada
- Un cuarto de taza de harina de trigo
- 1 cebolla
- 1 huevo
- Pan rallado
- Aceite de oliva
- Un poco de nuez moscada
- Sal

PREPARACIÓN:

1.- En una sartén con tres cucharadas de aceite, pochar la cebolla bien picadita.
2.- Una vez hecha la cebolla añadir la carne de puchero desmenuzada removiendo la mezcla.
3.- Añadir la harina que se revuelve con la mezcla anterior hasta que coja un poco de tono dorado.
4.- Se añade la leche lentamente, removiendo hasta que quede una masa homogénea y consistente. Se deja cocer un poco y se añade la sal, el perejil picado y la nuez moscada.
5.- Cuando la masa puede despegarse de la sartén fácilmente es cuando se ha alcanzado el punto óptimo para retirarla del fuego y llevarla al frigorífico, donde permanecerá unas 4 horas.
6.- Una vez bien fría, se van cogiendo cucharadas soperas de la masa y se les va dando forma antes de introducirlas en el huevo batido y pasarlas seguidamente por el pan rallado, friéndolas en abundante aceite, a temperatura de unos 180°, hasta que queden doraditas.

Se sirven calientes.

ESPÁRRAGOS TRIGUEROS

INGREDIENTES (para 4 personas):

- 2 manojos de espárragos trigueros
- 3 dientes de ajo
- 1 cucharada de pimentón
- Tres rebanaditas de pan asentado
- Aceite puro de oliva virgen extra
- Vinagre de Jerez
- Comino
- Sal
- 1 huevo por comensal (opcional)

PREPARACIÓN:

1.- Los espárragos, lavados, se cortan a mano en pequeños trozos de 1 centímetro aproximadamente, desechándose la parte de tallo más dura.
2.- Se ponen en agua y se les da un hervido con un poco
de sal.
3.- En una sartén aparte se dora el pan, los ajos y el pimentón, y se majan en el mortero con un poco de aceite, unas gotas de vinagre y comino.
4.- El majado se sofríe ligeramente y se añade a los espárragos.
5.- Se deja hacer a fuego muy suave.

Suele servirse con un huevo cuajado en el mismo guiso.

FIDEOS CON ALMEJAS

INGREDIENTES (para 4 personas):

- 250 gramos de fideos gordos
- 250 gramos de almejas
- 150 gramos de gambas
- 2 dientes de ajo
- 1 tomate maduro
- 1 cebolla
- 1 pimiento verde
- 1 hoja de laurel
- Azafrán
- 1 pimiento morrón
- Perejil
- Aceite puro de oliva virgen extra
- Sal

PREPARACIÓN:

1.- Se sofríen la cebolla, el pimiento, los ajos y el tomate, todo bien troceado, y se añade el laurel.

2.- En aguas separadas se les da un ligero hervor a las almejas y a las gambas.

3.- Las aguas de cocción, coladas, se vuelcan en una olla, añadiéndose el sofrito, una pizca de azafrán y sal.

4.- Se deja hervir unos 10 minutos antes de añadir los fideos y se continúa la cocción a fuego muy suave.

5.- Cuando los fideos estén en su punto se rocía con perejil muy picado.

6.- Finalmente se retira del fuego y se agregan las almejas y las gambas peladas y el pimiento morrón troceado antes de servir.

FIDEOS CON LANGOSTINOS

INGREDIENTES (para 4 personas):

- 250 gramos de fideos gordos
- 300 gramos de langostinos medianitos de Sanlúcar
- 1 cebolla
- 1 pimiento verde
- 1 tomate maduro
- Azafrán
- Aceite puro de oliva virgen extra
- Sal

PREPARACIÓN:

1.- Se cuecen los langostinos en un litro de agua con un poco de sal. Se sacan y se pelan, reservándose el caldo de la cocción una vez colado.

2.- En una cacerola con fondo de aceite se prepara un sofrito con la cebolla, el pimiento y el tomate troceados, añadiéndose una pizca de azafrán.

3.- En el mismo sofrito se rehogan los fideos y se añade el agua de cocción.

4.- Cuando los fideos estén *al dente* se rectifica de sal, si fuera necesario, se aparta del fuego y se añaden los langostinos.

FRIJONES CON ARROZ Y CHÍCHAROS

INGREDIENTES (para 4 personas):

- 300 gramos de frijones
- 250 gramos de chícharos (guisantes)
- 75 gramos de arroz
- 1 cebolla
- 1 cabeza de ajos
- Perejil
- 1 cucharada de pimentón dulce
- Aceite puro de oliva virgen extra
- Sal

PREPARACIÓN:

1.- Se da un primer hervor a los frijones durante 5 minutos y se desecha el agua.

2.- Se cubren los frijones con agua fría y se añaden la cebolla, el ajo, sal, el perejil picado, el pimentón y un chorreón de aceite.

3.- Se deja hervir durante 40 minutos, aproximadamente, y se agregan los chícharos.

4.- Cuando los chícharos estén casi a punto, se rectifica de agua y sal si fuese necesario.

5.- Finalmente se añade el arroz y se espera hasta que esté en su punto.

FRIJONES CON PAPAS

INGREDIENTES (para 4 personas):

- 300 gramos de frijones
- 300 gramos de papas de Sanlúcar
- 1 cabeza de ajos
- 1 cebolla
- Aceite puro de oliva virgen extra
- 2 cucharadas de pimentón dulce
- Sal

PREPARACIÓN:

1.- Se ponen los frijones en agua fría y se les da un primer hervor durante 5 minutos, desechándose esta agua.

2.- Se añade de nuevo agua fría a los frijones y se agrega la cebolla entera, la cabeza de ajo, el pimentón, un chorreón de aceite y un poco de sal, y se pone a hervir.

3.- Se deja cocer durante 40 minutos, aproximadamente, y se añaden las papas troceadas por el método de corte y tronchado.

4.- Se mantiene a fuego medio hasta que las papas estén tiernas, rectificándose de sal si fuese necesario.

GARBANZOS CON ACELGAS

INGREDIENTES (para 4 personas):

- 300 gramos de garbanzos
- 500 gramos de acelgas
- 2 rebanadas de pan asentado y frito
- 4 dientes de ajo
- Comino
- 1 cucharada de pimentón dulce
- Aceite puro de oliva virgen extra
- Sal

PREPARACIÓN:

1.- Los garbanzos, que han permanecido en remojo desde la noche anterior, se ponen en una olla con agua caliente y sal, y se deja a fuego medio.

2.- Mientras hierven los garbanzos se majan los ajos, que hemos dorado en aceite, y las rebanadas de pan frito junto con el pimentón que también habremos pasado por el aceite caliente. Este majado se agrega a la olla junto con el comino.

3.- Cuando los garbanzos estén casi hechos se añaden las acelgas bien lavadas y troceadas.

4.- Se deja que continúe la cocción a fuego medio hasta que los garbanzos estén tiernos.

GARBANZOS CON BACALAO

INGREDIENTES (para 4 personas):

- 400 gramos de garbanzos
- 250 gramos de bacalao desalado
- 1 cebolla mediana
- 1 tomate maduro
- 3 dientes de ajo
- 1 cucharada de harina
- 1 cucharada de pimentón dulce
- Aceite puro de oliva virgen extra
- 1 vaso de manzanilla
- Sal

PREPARACIÓN:

1.- En una olla con agua caliente se echan los garbanzos, que han permanecido en remojo desde la noche anterior, y se dejan cocer a fuego medio hasta que estén casi tiernos.

2.- Mientras hierven los garbanzos, refreímos en una sartén la cebolla y el ajo, muy bien picaditos.

3.- Antes de que termine de dorarse el refrito se añade el tomate, previamente rallado, y se deja freír durante unos pocos minutos, añadiendo a continuación el pimentón, la harina y la manzanilla.

4.- A los garbanzos, ya tiernos, se les agrega el sofrito y se les pone la sal, dejando hervir durante unos 10 minutos.

5.- Se añade el bacalao desalado y cortado a mano en trozos medianos.

6.- Se aparta la olla del fuego y dejamos reposar unos minutos antes de servir.

GARBANZOS CON LANGOSTINOS

INGREDIENTES (para 4 personas):

- 400 gramos de garbanzos
- 300 gramos de langostinos medianos de Sanlúcar
- 4 dientes de ajo
- 1 vaso de manzanilla
- 1 cucharada de pimentón dulce
- Aceite puro de oliva virgen extra
- Sal

PREPARACIÓN:

1.- Los garbanzos, puestos en remojo desde la noche anterior, se echan en agua caliente y se cuecen hasta que estén tiernos.

2.- En una cacerola aparte se fríen los dientes de ajo enteros hasta dorarse y se añaden seguidamente los langostinos pelados, rehogándolos muy levemente, y el pimentón.

3.- Al sofrito se agregan los garbanzos y un poco de agua de su cocción y se deja a fuego medio unos minutos antes de servir.

HABAS COCHAS

Esta sencilla preparación no es propiamente un guiso, es simplemente un hervido que en otro tiempo solucionó grandes problemas de hambruna. Originario de Lebrija, este plato es muy popular en Sanlúcar, donde se conoce como «corcho de habas» y acompaña como aperitivo al mosto del año a finales del invierno y la primavera temprana.

INGREDIENTES:

- Habas grandes de temporada
- Sal
- Hierbabuena (opcional)

PREPARACIÓN:

Una vez desgranadas de su vaina, las habas se cuecen en agua con sal. Durante la cocción se puede añadir unas ramitas de hierbabuena. Es costumbre hacerles a las habas una pequeña incisión para facilitar su salado.

Se sirven calientes y escurridas y se comen a mano.

PAPAS CON ALCAUCILES

INGREDIENTES (Para 4 personas):

- 8 corazones de alcauciles troceados a cuartos
- 3 papas de Sanlúcar medianas
- 1 cebolla
- 4 dientes de ajo
- Perejil picado
- 1 hoja de laurel
- Aceite de oliva virgen extra
- Sal
- Un huevo por persona (opcional)

PREPARACIÓN:

1.- Poner los alcauciles troceados en agua con un cho-rreón de zumo de limón para evitar que se ennegrez-can.
2.- En una olla al fuego con dos cucharadas de aceite, po-char la cebolla y el ajo troceados, añadiendo luego los alcauciles y las patatas cortadas en trozos grandes.
3.- Añadir el laurel, la sal, el perejil bien picadito y agua hasta cubrir el conjunto y dejar hacer a fuego medio.
4.- Pasados unos veinte o veinticinco minutos comprobar si las papas están tiernas. Si es así, rectificar de sal si es necesario y dejar unos minutos más al fuego antes de servir.

Este plato, propio de Semana Santa, se sirve en San-lúcar añadiendo al guiso un huevo cascado por comensal hasta cuajarlo. Se sirve muy caliente.

PAPAS CON BACALAO

INGREDIENTES (para 4 personas):

- 300 gramos de bacalao
- 750 gramos de papas de Sanlúcar
- 100 gramos de chícharos (guisantes)
- 1 cebolla
- 1 pimiento verde
- 4 dientes de ajo
- 2 hojas de laurel
- Medio vaso de manzanilla
- Pimienta negra molida
- Aceite puro de oliva virgen extra
- Perejil
- Sal

PREPARACIÓN:

1.- En una cazuela puesta al fuego con un fondo de aceite se ponen muy picaditos la cebolla, el pimiento y el ajo, y se rehogan.

2- Antes que termine de dorarse el refrito, añadimos las patatas troceadas mediante el sistema de corte y tronchado, se rehogan y se agrega la manzanilla, la pimienta negra y el laurel y se cubre con agua.

3.- Se mantiene hirviendo a fuego medio y se añaden los guisantes y el perejil muy picadito, continuándose la cocción hasta que las papas estén tiernas.

4.- Finalmente, antes de apartar del fuego, se añade el bacalao y se deja reposar.

PAPAS CON CHOCO

INGREDIENTES (para 6 personas):

- 1 kg de chocos
- 1 kg de papas de Sanlúcar
- 1 cebolla
- 6 dientes de ajo
- 2 rebanadas de pan frito
- Aceite puro de oliva virgen extra
- Sal

PREPARACIÓN:

1.- Se sofríen el ajo y la cebolla bien picados.
2.- Cuando el sofrito se dore se maja junto al pan frito y un poco de sal.
3.- En una olla echamos el choco limpio y troceado con agua hasta cubrirlo y se pone al fuego.
4.- Cuando el choco esté casi en su punto, se añaden las papas troceadas por el método de corte y tronchado, el majado y un chorreón de aceite, y se deja hacer a fuego medio hasta que las papas estén tiernas, rectificando de sal si fuese necesario.

PAPAS EN VERANILLO

INGREDIENTES (para cuatro personas):

- 1 kg de papas de Sanlúcar
- 3 tomates maduros
- 3 pimientos verdes
- 1 cebolla grande
- 4 dientes de ajo
- 1 hoja de laurel
- Pimienta en grano
- 4 clavos
- Aceite puro de oliva virgen extra
- Manzanilla
- Sal

PREPARACIÓN:

1.- En un perol se refríen, sin llegar a dorar, la cebolla, los pimientos y los dientes de ajo, todo picado.
2.- A continuación, se añade el tomate pelado y picado, la hoja de laurel, la pimienta y el clavo.
3.- Se refríe todo a fuego medio, se le agrega un chorreón de manzanilla y se vierte en una cacerola donde tendremos las papas troceadas por el método de corte y tronchado.
4.- Se cubre con agua, se añade la sal y se deja hervir hasta que la papas estén tiernas.

PIMIENTOS RELLENOS

INGREDIENTES (para 4 personas):

- 8 pimientos verdes grandes de la variedad italiano dulce
- 200 gramos de carne picada (cerdo y ternera)
- 1 cebolla
- Pan rallado
- Orégano
- Tomillo
- 1 vaso de tomate frito
- 1 vasito de vino blanco joven de Sanlúcar
- Aceite puro de oliva virgen extra
- Sal

PREPARACIÓN:

1.- En una sartén al fuego con aceite se dora la cebolla muy picadita y se añaden la carne, el vino, las especias y un poco de sal. Se remueve bien hasta que la carne esté hecha y se aparta. Este será el relleno de los pimientos.

2.- Se corta la parte superior de cada pimiento, se despepitan sus interiores, se lavan bien y se secan.

3.- Se rellenan los pimientos con la masa que hemos preparado y se taponan con pan rallado humedecido.

4.- En una sartén se fríen los pimientos rellenos hasta que empiecen a dorarse y se pasan a otra sartén donde tenemos el tomate frito al fuego con un poco de aceite. Se deja hacer durante unos minutos a fuego muy suave.

PUCHERO SANLUQUEÑO

INGREDIENTES (para 4 personas):

- 200 gramos de garbanzos
- Cuatro patatas medianas
- 150 gramos de jarrete de ternera
- Un trozo de jarrete de cerdo
- 100 gramos de tocino fresco y salado
- Un hueso blanco
- Un hueso de jamón
- Media pechuga de pollo
- Apio
- Puerro
- Zanahoria
- Sal

PREPARACIÓN:

1.- Los garbanzos, en remojo desde el día anterior, los ponemos en una olla al fuego, con agua ya caliente, junto con las carnes y demás avíos bien lavados y sal.

2.- Una vez bien desespumado el caldo, se añaden las verduras troceadas, excepto las patatas.

3.- Cuando los garbanzos estén casi a punto, sacamos la pechuga de pollo, añadimos las patatas enteras y rectificamos de sal si fuese necesario.

4.- Se deja hacer hasta que las patatas estén tiernas.

En plato hondo se sirven el caldo con los garbanzos junto con las verduras. Aparte se sirven la pechuga de pollo y las demás carnes (*pringá* del puchero) con una patata por comensal. El caldo de puchero también podemos utilizarlo para consomé, con o sin yema de huevo, y un chorreón de manzanilla pasada.

ROPA VIEJA

INGREDIENTES:

- Carne de puchero
- Garbanzos de puchero
- Cebolla
- Ajo
- Laurel
- Medio vaso de vino blanco joven
- Aceite puro de oliva virgen extra

PREPARACIÓN:

1.- En un perol con aceite al fuego se sofríen la cebolla y el ajo bien picados, y se agrega el laurel y el vino, dejando reducir.

2.- Se añade la carne troceada y se mezcla con el refrito.

3.- Se echan patatas fritas cortadas en dados pequeños y los garbanzos de puchero, y se remueve con la carne y el sofrito.

4.- Se comprueba de sal y se sirve.

SOPA DE GALERAS

INGREDIENTES (para 4 personas):

- 1 kg de galeras
- 1 cebolla
- 3 pimientos verdes
- 3 tomates maduros
- 1 barrita de pan cortada en rodajas finas
- Hierbabuena
- Aceite puro de oliva virgen extra
- 1 copa de manzanilla pasada
- Sal

PREPARACIÓN:

1.- Poner una cacerola al fuego con un litro de agua donde hervimos las galeras.
2.- En un perol con aceite se doran la cebolla y los pimientos troceados. Luego se añaden los tomates también troceados y se refríe todo.
3.- Se tritura el sofrito con la batidora y se mezcla con el agua del cocido de las galeras.
4.- Se añade la sal, la hierbabuena, el pan y la manzanilla.
5.- Se deja hervir durante unos minutos.
6.- Finalmente se añaden las galeras peladas y cortadas a trocitos.

Se sirve muy caliente en cazuela de barro.

SOPA DE PESCADO SANLUQUEÑA

INGREDIENTES:

- Pescado blanco
- Gambas
- Almejas
- Cebolla
- Tomate
- Ajo
- Apio
- Puerro
- Zanahoria
- Aceite puro de oliva virgen extra
- Sal
- 1 copa de manzanilla

PREPARACIÓN:

1.- Con las cabezas, espinas y caparazones de los pescados y mariscos, se prepara un caldo (fumet) al que, una vez colado, dejamos aparte.

2.- Se prepara un sofrito con la cebolla, el ajo, el apio, el tomate, el puerro y la zanahoria, añadiéndose la manzanilla al final.

3.- El sofrito se vuelca en el caldo, se añade sal y se deja hervir.

4.- Finalmente se agregan los trozos del pescado, las gambas y las almejas peladas.

SOPA DE TOMATE A LA SANLUQUEÑA

INGREDIENTES (para 4 personas):

- 1 litro de caldo de cocción de mariscos
- Medio kg de tomates maduros
- 2 cebollas
- 3 pimientos verdes
- 3 dientes de ajo
- Hierbabuena
- Medio vaso de aceite puro de oliva virgen extra
- Pan asentado en trozos
- Pimienta molida
- Sal

PREPARACIÓN:

1.- Se doran en aceite la cebolla, los pimientos y el ajo, bien picados.
2.- Al sofrito se añaden los tomates troceados y se dejan hacer durante unos 10 minutos, agregándoles una pizca de azúcar y la sal.
3.- Se añade el sofrito a la olla donde tenemos el caldo de mariscos y se agrega el pan, dejando hervir a fuego medio durante unos minutos.
4.- Se retira la olla del fuego, se deja reposar y se sirve muy caliente, adornando con una ramita de hierbabuena.

Se puede servir con unas gambas o con unos langostinos medianos, en ambos casos crudos y pelados, que tomarán su punto con el propio calor de la sopa ya retirada del fuego.

Nota.- Un buen caldo para hacer esta sopa es el obtenido del hervido de galeras.

LOS GUISOS MARINEROS Y EL ARTE DE BIEN FREÍR

ACEDÍAS EN TARTERA

INGREDIENTES:

- Acedías
- Ajo
- Pan rallado
- Perejil
- Aceite puro de oliva virgen extra
- Sal

PREPARACIÓN:

1.- En una tartera ponemos el ajo cortado en láminas, el perejil picado, el pan rallado, un chorreón de aceite, un poco de agua y sal.
2.- Se deja hervir hasta conseguir que la salsa esté trabadita, momento en que se incorporan las acedías limpias y sin vísceras. y se deja cocer durante unos cinco minutos.

Ser sirven rociadas con su salsa y puede añadírsele zumo de limón.

ALMEJAS A LA MANZANILLA

INGREDIENTES (para 4 personas):

- 750 gramos de almejas
- 1 cebolla mediana
- 5 dientes de ajo
- 1 tomate grande maduro
- 1 cucharada de pimentón dulce
- 1 vaso de manzanilla
- Aceite puro de oliva virgen extra
- Sal

PREPARACIÓN:

1.- En una sartén al fuego con fondo de aceite se sofríen la cebolla muy picadita, los ajos cortados en láminas y el tomate, sin piel y troceado. Cuando el sofrito esté hecho se le agrega la manzanilla y se deja cocer un par de minutos a fuego suave.

2.- Se añaden las almejas, se les espolvorea el pimentón y sal, y se le da a la sartén unos movimientos bruscos. Se aparta cuando abran las almejas.

ALMEJAS A LA SANLUQUEÑA

INGREDIENTES (para 4 personas):

- 1 kg de almejas
- 3 dientes de ajo
- 1 cucharada de harina
- Medio vaso de vino manzanilla
- Pimentón dulce
- Perejil
- Aceite puro de oliva virgen extra
- Sal

PREPARACIÓN:

1.- En una sartén al fuego con aceite, se fríen los ajos picados sin que lleguen a dorarse. Se añade la cucharada de harina y un vaso de agua y se remueve bien.
2.- Se echan las almejas muy bien lavadas, se espolvorea el perejil muy picadito, un poco de pimentón, la manzanilla y la sal.
3.- Se deja hacer a fuego suave dando movimientos bruscos a la sartén hasta que las almejas se abran.
4.- Se aparta y se sirve caliente.

Nota.- Es importante que las almejas estén muy bien lavadas. Se recomienda mantenerlas durante unas cuatro horas en agua con un poco de sal para eliminarles toda la arena.

ATÚN ENCEBOLLADO

INGREDIENTES (para 4 personas):

- 1 kg de atún rojo
- 3 cebollas grandes
- Pimienta negra molida
- 1 copita de vinagre de Jerez
- 2 vasos de agua
- Medio vaso de aceite puro de oliva virgen extra
- 2 hojas de laurel
- Sal

PREPARACIÓN:

1.- En un perol con aceite se ponen las cebollas cortadas en juliana, la pimienta molida y las hojas de laurel.
2.- Cuando la cebolla esté tierna, sin llegar a dorarse, se agrega el agua, el vinagre y la sal, dejando hervir unos minutos a fuego suave.
3.- Se añade el atún, bien limpio y troceado a cuadros y se mantiene hirviendo durante unos cinco minutos.

Nota.- Otras recetas de este mismo plato incluyen entre sus ingredientes un vaso de manzanilla, eliminándose en este caso el vinagre y el agua.

ATÚN MECHADO

INGREDIENTES (para 4 personas):

- 1 kg de lomo de atún rojo en un trozo
- 2 cebollas grandes
- 1 cabeza de ajo
- 3 hojas de laurel
- Comino
- Pimienta negra molida
- Un vasito de aceite puro de oliva virgen extra
- Medio vaso de manzanilla
- Sal gorda

PREPARACIÓN:

1.- En una marmita o cazuela de barro ponemos el aceite, la cebolla y el ajo picados, y el laurel.

2.- Sobre el picado que tenemos en la cazuela, ponemos el atún cortado en dos mitades y le espolvoreamos por encima la sal, el comino, la pimienta y el perejil muy picado.

3.- En el horno a una temperatura de 200°, introducimos la cazuela con el atún y la mantenemos durante 15 minutos.

4.- Regamos el atún con la manzanilla y dejamos que se termine de cocinar de nuevo en el horno a 175°.

5.- Pasada una media hora sacamos el atún de la cazuela y lo dejamos enfriar en una fuente.

Se sirve cortado en rodajas de, aproximadamente, un centímetro de grosor regado con la salsa reducida de la marmita.

BACALAO CON TOMATE

INGREDIENTES (para 4 personas):

- 600 gramos de bacalao desalado
- 4 dientes de ajo
- 1 cebolla
- 2 tomates grandes y maduros
- 1 pimiento rojo
- 1 cucharada de pimentón dulce
- Aceite puro de oliva virgen extra
- Sal

PREPARACIÓN:

1.- Al bacalao, que tendremos cortado en trozos rectangulares medianos, desalados y secados con un paño, le damos una ligera pasadita por el aceite caliente y lo reservamos aparte.
2.- En el mismo aceite se pochan los ajos cortados en láminas y la cebolla troceada.
3.- Después agregamos el pimiento rojo troceado y los tomates, pelados y triturados, dejando que el refrito alcance su punto.
4.- Finalmente añadimos el pimentón y los trozos de bacalao, dejando hacer en la salsa durante un par de minutos a fuego medio.

CALAMARES RELLENOS

INGREDIENTES:

- Calamares enteros
- Gambas peladas
- Huevos de choco cocidos y troceados
- Ova de calamar
- Jamón serrano muy picadito
- Perejil
- Sal

PREPARACIÓN:

1.- En un recipiente se mezclan bien las gambas, los huevos de choco, la ova de calamar, el jamón y el perejil, todo muy bien picadito, y un poco de sal.
2.- Se rellenan los calamares, bien limpios, con la mezcla preparada, dejando un espacio para facilitar el cierre con un palillo de dientes.
3.- Se pinchan los clamares ya rellenos al objeto de facilitar la cocción del interior y se ponen a cocer en agua con sal.
4.- Una vez hechos se dejan enfriar en el frigorífico.

Se presentan cortados en rodajas y acompañados de limón o mayonesa.

CAZÓN A LA ALMENDRA

INGREDIENTES (para 4 personas):

- 1 kg de cazón fileteado
- Un puñado de almendras tostadas
- 4 dientes de ajo
- Perejil
- Pimienta molida
- Aceite puro de oliva virgen extra
- Sal

PREPARACIÓN:

1.- Se marean los filetes de cazón en una sartén al fuego, para que suelte el agua.

2.- Los filetes de cazón se apartan del fuego y se salpimentan.

3.- En un mortero se machacan bien las almendras y se refríen junto al perejil picado y al ajo.

4.- Se añade el pescado sobre el sofrito y se deja hacer durante unos minutos.

Se sirve acompañado por una papa cocida.

CAZÓN A LA MARINERA

INGREDIENTES (para 4 personas):

- 750 gramos de cazón cortado en taquitos
- 100 gramos de gambas
- 200 gramos de almejas
- 150 gramos de guisantes
- 1 cebolla pequeña
- 1 pimiento rojo
- 1 tomate
- 3 dientes de ajo
- Medio vaso de manzanilla
- Azafrán
- Aceite puro de oliva virgen extra
- Sal

PREPARACIÓN:

1.- Se cuecen las gambas y las almejas, por separado, se les quitan piel y cáscaras, y se apartan.

2.- En un perol al fuego con aceite se pochan la cebolla, el pimiento y el tomate, todo troceado, añadiéndose unas hebras de azafrán. Cuando el refrito esté dorado, se añade el cazón cortado a tacos medianos, la manzanilla y la sal, dejando cocer durante unos cinco minutos a fuego suave.

3.- En una sartén aparte, con tres cucharadas de aceite, se doran los ajos laminados, se agregan los guisantes y un poco de agua de la cocción de las gambas y almejas.

4.- Cuando los guisantes estén en su punto, se echan con su jugo al perol donde tenemos el cazón. Se añaden también las gambas y las almejas peladas, y se deja hacer durante unos minutos a fuego muy suave.

5.- Dejar reposar un par de minutos y servir.

CAZÓN AL ORÉGANO

INGREDIENTES (para 4 personas):

- 750 gramos de cazón
- 750 gramos de papas de Sanlúcar
- 4 dientes de ajo
- 1 cebolla
- Orégano
- Perejil
- 1 hoja de laurel
- Medio vasito de aceite puro de oliva virgen extra
- Un vaso de vino blanco joven
- Sal

PREPARACIÓN:

1.- En una cacerola se sofríen la cebolla y el ajo bien picados, sin llegar a dorar.
2.- Se añaden las papas troceadas en rodajas y el perejil,
y se rehogan en el refrito durante un par de minutos.
3.- Se agregan el orégano, la hoja de laurel, el vino, un
poco de agua y sal, dejando cocer hasta que las papas
estén tiernas.
4.- Se añade el cazón troceado, dejando hacer a fuego
muy suave.

CAZÓN EN ADOBO

INGREDIENTES:

- Cazón (fileteado o en trozos)
- Ajo
- Orégano
- Pimentón
- Vinagre de Jerez
- Aceite puro de oliva virgen extra
- Sal

PREPARACIÓN:

1.- En un recipiente se machacan los ajos, el pimentón, el orégano, la sal y un chorreón de vinagre, y se remueve bien.
2.- En el adobo preparado se introducen los filetes o trozos de cazón bien limpios y se deja reposar en el frigorífico durante, al menos, cuatro horas.
3.- Pasado el tiempo de reposo, se enharina el pescado y se fríe en aceite bien caliente.

CAZÓN EN AMARILLO

INGREDIENTES (para 4 personas):

- 1 kg de cazón troceado
- 1 cebolla
- 4 dientes de ajo
- Perejil
- 3 rodajas de pan
- Medio tomate maduro
- Azafrán
- 1 vaso de manzanilla
- Aceite puro de oliva virgen extra
- Sal

PREPARACIÓN:

1.- Se fríen las rebanadas de pan y se majan en el mortero junto al ajo, un poco de sal, y perejil muy picado.
2.- En un perol aparte se sofríe, hasta dorar, la cebolla bien picada. Se añade el medio tomate y se continúa sofriendo.
3.- Al sofrito se agrega el majado, la manzanilla y el azafrán, y se rehoga todo.
4.- Se añade un poco de agua dejando hervir durante unos cinco minutos.
5.- Por último, se echa el cazón troceado y se deja cocer a fuego medio hasta que el pescado alcance su punto.

CAZÓN ENCEBOLLADO

INGREDIENTES (para 6 personas):

- 1 kg de cazón
- 1 kg de cebolla muy fresca
- 4 dientes de ajo
- Perejil
- 2 cucharadas de harina
- 1 hoja de laurel
- 4 clavos
- Nuez moscada
- 1 vaso de manzanilla
- Aceite puro de oliva virgen extra
- Sal

PREPARACIÓN:

1.- Se coloca el cazón troceado en una cacerola y se espolvorea con el perejil muy picadito y la nuez moscada.
2.- En una sartén al fuego con unas cucharadas de aceite se pocha la cebolla bien troceada junto al ajo picado y se añaden los clavos y el laurel, espesando con la harina. Seguidamente, se añade la manzanilla y dejamos hacer durante unos minutos.
3.- Volcar el contenido de la sartén sobre los trozos de cazón, removiendo con cuidado de no romper el pescado y manteniendo a fuego suave hasta que el cazón alcance su punto.

CAZÓN CON PATATAS

INGREDIENTES (para 4 personas):

- 750 gramos de cazón
- 1 kg de papas de Sanlúcar
- 1 cebolla mediana
- 6 dientes de ajo
- Aceite puro de oliva virgen extra
- 1 hoja de laurel
- Azafrán
- Sal

PREPARACIÓN:

1.- En una cacerola con fondo de aceite se sofríen la cebolla y el ajo, bien picados, y se añade el laurel.

2.- Una vez que el sofrito se haya dorado se vierte sobre él la manzanilla y dejamos reducir un poco.

3.- Se agregan las papas cortadas en trozos por el sistema de corte y tronchado. Se añade el azafrán, se cubren las papas con agua y agregamos sal.

4.- Dejamos hervir hasta que las papas estén prácticamente tiernas.

5.- Añadimos los trozos de cazón y dejamos a fuego muy suave durante unos 10 minutos.

CHIPIRONES AL VERANILLO

INGREDIENTES (para 4 personas):

- 1 kg de chipirones
- 2 tomates maduros
- 2 pimientos verdes
- 1 cebolla
- 4 dientes de ajo
- 1 hoja de laurel
- 1 vaso de manzanilla
- Aceite puro de oliva virgen extra
- Sal

PREPARACIÓN:

1.- Se limpian los chipirones, quitándoles la bolsa de tinta, y se rellenan con sus patas, colocándolos en una cacerola.

2.- En un perol aparte se hace un sofrito con la cebolla, los pimientos, el ajo y los tomates, todo muy bien picadito y se le añade el laurel y un buen chorreón de manzanilla.

3.- Se vuelca el sofrito sobre los chipirones, añadiendo un poco de agua y sal.

4.- Se pone la cacerola a fuego suave hasta que los chipirones estén tiernos, cuidando que la salsa quede trabadita.

Este plato también suele hacerse con chocos de pequeño tamaño que en Sanlúcar llaman «castañitas».

CHOCOS FRITOS

INGREDIENTES:

- Choco limpio y troceado
- Harina de freír
- Aceite puro de oliva virgen extra
- Sal gorda

PREPARACIÓN:

Los chocos troceados y limpios se secan bien, se salan y se enharinan antes de echarlos al aceite que debe estar bien caliente. Se dejan dorar.

Nota.- Como truco doméstico se utiliza una bolsa de plástico con harina en la que se echan los trozos de choco, agitando para que queden bien enharinados.

CHOCO GUISADO

INGREDIENTES (para 4 personas):

- 1 choco de un kilogramo aproximadamente
- 1 cebolla
- 1 cabeza de ajos
- 3 pimientos verdes
- 4 tomates maduros
- Laurel
- Pimienta molida
- 1 vaso de manzanilla
- Azafrán
- 1 vaso de agua
- Aceite puro de oliva virgen extra
- Sal

PREPARACIÓN:

1.- En una cacerola con aceite se sofríen la cebolla, los pimientos, los ajos y los tomates, todo muy bien picado, junto al laurel y la pimienta.

2.- Se añaden al refrito los chocos, troceados y bien limpios, la manzanilla, el agua, la sal y el azafrán, dejando hervir a fuego suave durante 30 minutos aproximadamente.

CHOCO A LA PLANCHA

INGREDIENTES (para plato individual):

- 1 choco mediano (aproximadamente 300 gramos)
- 2 dientes de ajo
- Perejil
- Aceite puro de oliva virgen extra
- Vinagre de Jerez

PREPARACIÓN:

1.- Se abre el choco por la mitad, se limpia quitándole las vísceras y la concha, y se lava en abundante agua. Lo secamos con un paño o con papel de cocina y lo colocamos sobre la plancha caliente a temperatura media, quitando el agua que va soltando y lo apartamos.

2.- Rociamos la plancha con aceite y volvemos a colocar el choco, dejándolo asar lentamente por ambas caras hasta que esté tierno.

3.- Mientras se hace el choco preparamos en una sartén con fondo de aceite un refrito con el ajo y el perejil bien picados, añadiéndole unas gotas de vinagre de Jerez.

4.- Se sirve entero, rociado con la salsa preparada y acompañado de piriñaca.

CHOVA EN ADOBO

INGREDIENTES (para una ración):

– 500 gramos de chova troceada en rodajas
– Vinagre de Jerez
– 2 dientes de ajo
– Comino
– Orégano
– Pimentón
– 1 hoja de laurel
– Aceite de oliva
– Harina de freír

PREPARACIÓN:

1.- Preparar el adobo majando en el mortero 2 dientes de ajo y una pizca de sal, agregando el orégano, el comino, una pizca de pimentón, unos 200 mililitros de vinagre y una hoja de laurel.

2.- Macerar el pescado en el adobo durante 6 horas.

3.- Enharinar el pescado y freír en aceite bien caliente.

COQUINAS AL VAPOR

INGREDIENTES: (para 4 personas):

- 750 gramos de coquinas
- 4 dientes de ajo
- 1 vaso de Manzanilla
- Aceite de oliva virgen extra
- Sal

PREPARACIÓN:

1.- En un perol con aceite se doran levemente los ajos cortados en láminas y se añade la manzanilla, manteniendo el fuego muy suave hasta evaporar el alcohol.
2.- Se añaden las coquinas, se les agrega la sal y se mantiene el perol tapado durante unos minutos.
3.- Agitamos el perol y cuando abran las coquinas se aparta del fuego. Se sirve caliente.

Nota.- Es importante que las coquinas estén muy bien lavadas. Se recomienda mantenerlas durante unas cuatro horas en agua con sal para eliminarles toda la arena.

CORVINA CON CHÍCHAROS

INGREDIENTES (para 4 personas):

- 1 kg de corvina troceada
- 1 cebolla
- 5 dientes de ajo
- Una cucharada de pan rallado
- 250 gramos de chícharos (guisantes)
- Medio limón
- Azafrán
- Aceite puro de oliva virgen extra
- Sal

PREPARACIÓN:

1.- En una cacerola con aceite se sofríen la cebolla y el ajo, bien picaditos.

2.- Se agregan los chícharos, el pan rallado y un poco de agua.

3.- Cuando los chícharos estén tiernos, se añaden los trozos de corvina, el azafrán y la sal.

4.- Se finaliza esta elaboración añadiendo el zumo del medio limón antes de apartar del fuego.

CORVINA AL HORNO

INGREDIENTES (para 4 personas):

- 1,5 kg, aproximadamente, de corvina troceada
- 3 papas de Sanlúcar
- 2 cebollas medianas
- 4 dientes de ajo
- Perejil
- 1 limón
- Medio vaso de vino joven
- Aceite puro de oliva virgen extra
- Sal

PREPARACIÓN:

1.- En una bandeja para horno con fondo de aceite se forma un lecho con rodajas muy finas de papas y cebolla, cortada en aros. Se agrega el ajo laminado, un chorreón de aceite y un poco de sal espolvoreada.

2.- En el horno a 180°, colocamos la bandeja y la dejamos durante 15 minutos desde que empieza a hervir. Mientras, en una sartén con aceite marcamos los trozos de corvina y los salamos.

3.- Sobre el lecho de papas y cebolla de la bandeja colocamos el pescado y lo rociamos con el zumo de medio limón y el vino. Se deja hacer durante 20 minutos.

4.- Se sirve con las papas y la cebolla como guarnición, y decorado con unas rodajas de limón y unas ramitas de perejil.

DORADA A LA MANZANILLA

INGREDIENTES (para 4 personas):

- 4 doradas medianas (de unos 400 gramos cada una)
- 1 vaso de manzanilla
- Medio vaso de aceite puro de oliva virgen extra
- Dos papas medianas de Sanlúcar
- Dos limones
- Pimienta molida
- Sal gorda

PREPARACIÓN:

1.- Se limpia y se desescama el pescado, se les hace un par de cortes transversales en el lomo, se les espolvorea con sal y pimienta, y se les chorrea con el zumo de los limones, dejándolos macerar durante un par de horas.

2.- Con el horno a una temperatura de 180° colocamos en su interior una fuente o una bandeja de horno con aceite y las patatas cortadas en rodajas muy finas.

3.- Cuando el aceite empiece a hervir, colocamos las doradas sobre el lecho de patatas, añadiendo la manzanilla y el zumo de limón del macerado.

4.- Dejamos hacer en el horno durante unos 20 minutos.

Nota.- De esta misma forma pueden elaborarse también otros pescados como lubina, baila o herrera.

DORADA A LA PIMIENTA

INGREDIENTES (para 2 personas):

- 2 doradas de 400 gramos, aproximadamente
- Medio vaso de vino blanco joven
- Una cucharadita de harina
- Aceite puro de oliva virgen extra
- Pimienta molida

PREPARACIÓN:

1.- En una tartera se colocan las doradas, limpias y enteras, añadiéndoles el vino, un poco de agua, pimienta y sal, y se meten en el horno, previamente calentado a 180°, durante 20 minutos.

2.- En un perol al fuego con fondo de aceite se prepara una salsa bien trabadita con la harina, un chorreón de vino, una pizca de sal y pimienta, y se vierte sobre el pescado.

DORADA CON ALCAUCILES EN DOS TEXTURAS

INGREDIENTES (para 2 personas):

- 2 doradas de unos 400 gramos cada una
- 6 alcauciles
- 1 limón
- Aceite puro de oliva virgen extra
- Medio vasito de manzanilla
- Sal

PREPARACIÓN:

1.- Preparamos los alcauciles, desechando los rabos y las hojas externas, y recortamos las puntas para, seguidamente, cocerlos en agua con unas gotas de zumo de limón y un poco de sal. Cuatro de estos alcauciles, una vez cocidos, se trituran, se pasan por el chino y se reservan aparte, los dos alcauciles restantes se trocean y se reservan también.

2.- Se desescaman y se limpian las doradas, sacando de cada una de ellas dos filetes que marcaremos por la parte de la piel con unas gotas de aceite. Se salan suavemente y se colocan con un poco de aceite en una bandeja al horno a 180°, durante 15 minutos.

3.- En la misma sartén donde hemos marcado el pescado, añadimos la manzanilla y reducimos tras añadir un par de cucharadas de aceite.

4.- Se presentan colocando los filetes de dorada y los alcauciles troceados sobre la crema de alcauciles, regando con el aceite perfumado con la manzanilla.

GAMBAS AL AJILLO

INGREDIENTES (Para 4 personas):

- 500 gramos de gambas medianitas
- 6 dientes de ajo
- Una pizca de pimentón picante
- 1 guindilla
- Aceite puro de oliva virgen extra
- Sal

PREPARACIÓN:

1.- Se pelan las gambas, se sazonan y se dejan apartadas.

2.- En una sartén con un par de cucharadas de aceite se sofríen a fuego suave los ajos cortados en láminas.

3.- Antes de que lleguen a dorarse los ajos se agregan las gambas y la guindilla, removiendo bien durante unos minutos hasta que las gambas estén en su punto.

4.- En el momento de apartar del fuego agregar el pimentón y remover.

Se sirven caliente en cazuela de barro.

HUEVAS DE MERLUZA COCIDAS

INGREDIENTES:

– Huevas frescas de merluza enteras, sin ningún tipo de rotura.
– Vinagre
– Sal

PREPARACIÓN:

Simplemente, consiste en someter las huevas a un proceso de cocción, añadiendo al agua sal y vinagre, hasta alcanzar su punto en un tiempo de 20 a 30 minutos, dependiendo del tamaño de las huevas.

Las huevas de merluza en temporada, durante finales de otoño hasta mediados de invierno, se consumen en Sanlúcar cortadas en rodajas formando aliño con cebolla, vinagre, aceite y perejil o con mayonesa.

HUEVAS DE MERLUZA FRITAS

INGREDIENTES:

- Huevas de merluza frescas, enteras y de pequeño tamaño
- Harina de freír
- Aceite puro de oliva virgen extra
- Sal

PREPARACIÓN:

1.- Las huevas se lavan bien bajo el agua fría del grifo y se secan con papel de cocina.
2.- Se salan y se pasan por la harina.
3.- Se echan en un perol con aceite bien caliente y se doran.

Se sirven bien escurridas de aceite, decoradas con unas ramitas de perejil y acompañadas con unas rodajas de limón.

HUEVOS DE CHOCO

INGREDIENTES (para 4 personas):

- 300 gramos de huevos de choco frescos
- 1 hoja de laurel
- Sal

PREPARACIÓN:

1.- Poner a hervir un litro de agua con un poco de sal.
2.- Cuando el agua empiece a hervir, se agregan la hoja de laurel y los huevos de choco bien limpios.
3.- Dejamos hacer a fuego suave hasta que alcancen su punto.

Se sirven fríos y cortados en rodajas, acompañados por piriñaca, mayonesa o limón. Si los huevos de choco son de pequeño tamaño, pueden dejarse enteros.

Los llamados «huevos de choco» son las glándulas nidamentarias o nidamentales del aparato reproductor del choco hembra.

Nota.- Los huevos de choco pueden prepararse igualmente a la plancha.

LENGUADO A LA PLANCHA

INGREDIENTES (plato unipersonal):

- Un lenguado grande muy fresco de lomo grueso
- Sal gorda

PREPARACIÓN:

Bien limpio y sazonado, se coloca el lenguado en la plancha a fuego medio, haciéndose vuelta y vuelta. Se sirve con rodajas de limón y con acompañamiento de ensalada en verde (piriñaca) o pimientos asados.

Nota.- Esta sencilla preparación a la plancha es igualmente adecuada para acedías de Sanlúcar de buen tamaño (mayores de 25 cm).

LENGUADO EN TARTERA

INGREDIENTES (para 2 personas):

- Dos lenguados medianos de lomo grueso
- 1 cebolla mediana
- 4 dientes de ajo
- Perejil
- 2 papas de Sanlúcar
- Laurel
- 1 cucharadita de pimentón
- 1 cucharada de pan rallado
- Medio vaso de aceite puro de oliva virgen extra
- 1 vaso de manzanilla
- 1 limón
- Sal gorda

PREPARACIÓN:

1.- Se limpian los lenguados y se colocan en una tartera sobre un lecho de papas cortadas en rodajas muy finas.

2.- En un plato aparte se pican, muy menuditos, todos los demás ingredientes y se mezclan bien con el pan rallado y el pimentón.

3.- La mezcla preparada, junto con el laurel, se espolvorea sobre los lenguados.

4.- Se rocía sobre pescado el aceite, el vino y la sal, y se adorna con las rodajas del limón.

5.- Finalmente se introduce la tartera en el horno previamente calentado a 180° y se deja hacer durante unos 20 minutos.

MENUDO DE CHOCOS

INGREDIENTES (para 4 personas):

- 1 kg de chocos
- 300 gramos de garbanzos
- Panceta
- Chorizo
- 1 tomate maduro
- 1 cebolla
- 1 cabeza de ajo
- 1 pimiento verde
- 1 cucharada de pimentón
- Pimienta molida
- Guindillas
- Perejil
- Hierbabuena
- Aceite puro de oliva virgen extra
- Sal

PREPARACIÓN:

1.- En una cacerola con un litro de agua caliente y puesta al fuego, se echan los garbanzos previamente remojados desde la noche anterior, el choco limpio y troceado, el pimiento y el tomate troceados, así como los ajos y el perejil, también picados, y el aceite.

2.- Se agrega la panceta cortada a trocitos y se cuece todo durante una hora aproximadamente a fuego suave.

3.- Cuando los garbanzos y el choco estén casi a punto, se añaden el chorizo cortado en rodajas, la hierbabuena y un majado que previamente habremos preparado con las especias, dos dientes de ajo y sal.

Se sirve muy caliente.

MORRILLO DE ALMADRABA AL HORNO

INGREDIENTES (para 4 personas):

- 1 morrillo de atún (750 gramos, aproximadamente)
- 1 cebolla
- 2 dientes de ajo
- Medio vaso de manzanilla
- Pimienta molida
- Comino
- Aceite puro de oliva virgen extra
- Papas asadas
- Sal gorda

PREPARACIÓN:

1.- Se salpimenta el morrillo y se coloca en una bandeja de horno, añadiéndosele un poco de aceite, la cebolla y el ajo, picados, y el comino.
2.- El pescado se rocía con la manzanilla y se mete en el horno a unos 180° durante media hora.
3.- Una vez hecho, se aparta la verdura y se pasa por el pasapuré, preparando una salsa.

El atún, fileteado, se sirve caliente con la salsa y acompañado de papas asadas.

ORTIGUILLAS

INGREDIENTES:

- Ortigas de mar
- Aceite puro de oliva virgen extra
- Harina
- Sal gorda

PREPARACIÓN:

1.- Se limpian las ortigas, eliminándoles los tentáculos.
2.- Se dejan escurrir, secándolas bien sobre papel de cocina antes de enharinar.
3.- Se pasan por un cedazo para eliminar la harina sobrante y se fríen en abundante aceite bien caliente (180°) durante 40 segundos hasta que queden crujientes por su exterior.

PESCADO EN BLANCO

INGREDIENTES (para 4 personas):

- 1 kg de pescadilla o merluza
- 1 cebolla
- 1 apio
- 1 puerro
- 1 hoja de laurel
- Perejil
- Pimienta negra
- Un vasito de Manzanilla
- Aceite puro de oliva virgen extra
- Sal

PREPARACIÓN:

1.- Una vez limpio el pescado, se corta en trozos medianos y se deja aparte.
2.- En una olla ancha se ponen las verduras troceadas
junto al laurel, la pimienta, un par de cucharadas de
aceite, un chorreón de manzanilla y un poco de agua,
dejando hervir hasta que la verdura esté en su punto.
3.- Se añade el pescado troceado y rociado con zumo de
limón, y se deja a fuego muy suave durante unos minutos.

Antes de servirlo se le espolvorea perejil muy picadito
y se le echa unas gotas de aceite o bien se acompaña con
mayonesa.

PUNTILLITAS FRITAS

INGREDIENTES (Para 4 personas):

- 400 gramos de puntillitas frescas
- Harina de freír
- Aceite de oliva o girasol
- Sal

PREPARACIÓN:

1.- Limpiar las puntillitas bajo el agua y dejarlas secar sobre papel absorbente.
2.- Salarlas con sal gorda y dejarlas reposar un buen rato hasta enharinarlas, cuidando de que no cojan la harina en exceso, solo la suficiente. Pueden pasarse por cedazo para eliminar la harina sobrante.
3.- Freír en pequeñas cantidades durante medio minuto aproximadamente en freidora o sartén de mucho volumen con el aceite a alta temperatura (180-200°).

RAPE EN AMARILLO

INGREDIENTES (para 4 personas):

- 1 kg de rape troceado
- 2 rodajas de pan
- 1 cebolla
- 1 tomate maduro
- 5 dientes de ajo
- Perejil
- Azafrán
- 1 vaso de manzanilla
- Sal

PREPARACIÓN:

1.- Se fríen las rodajas de pan y se majan en el mortero junto al ajo, el perejil muy picadito y la sal.

2.- En un perol se sofríe la cebolla cortada y se añade el tomate troceado, dejando dorar.

3.- Seguidamente se agrega el majado, la manzanilla, el agua y el azafrán, y se deja hervir unos 10 minutos.

4.- Se añade el rape y se continúa hirviendo a fuego suave durante 10 minutos más.

RAPE AL PAN FRITO

INGREDIENTES (para 4 personas):

- 1 kg de rape
- 1 cebolla
- 1 cabeza de ajo
- Perejil
- 4 rebanadas de pan frito
- 1 cucharada de pimentón dulce
- 1 pimiento en rama
- Medio vaso de aceite puro de oliva virgen **extra**
- 1 vaso de manzanilla
- Un poco de agua
- Sal

PREPARACIÓN:

1.- En un perol se doran la cebolla, los ajos y el perejil, todo bien picado.
2.- A continuación, se añade el pimiento en rama (preferiblemente remojado) y el pimentón. Se remueve un poco y se agrega la manzanilla, el agua y el pan frito.
3.- Pasamos el conjunto por la batidora y lo volcamos en el perol.
4.- Finalmente añadimos el rape cortado en medallones y dejamos hacer a fuego suave durante unos cinco minutos.

RAYA A LA SANLUQUEÑA

INGREDIENTES (para 4 personas):

- 1 kg de raya troceada
- 3 rodajas de pan frito
- Medio vaso de aceite puro de oliva virgen extra
- 1 cucharada de pimentón
- Pimienta molida
- Perejil
- 1 cebolla
- Ajo
- 1 naranja agria
- Sal

PREPARACIÓN:

1.- En un mortero se majan el pan frito y el ajo.
2.- Doramos en un perol la cebolla bien picada, y se añade el majado y el pimentón, rehogando todo.
3.- El refrito se vuelca en una olla, añadimos un poco de agua y sal y dejamos hervir unos minutos.
4.- Finalmente se echa la raya troceada y sin piel y perejil bien picadito, manteniendo el fuego suave hasta que el pescado esté en su punto.

Antes de servir se rocía con el zumo de una naranja agria.

SARDINAS ASADAS

INGREDIENTES:

– Sardinas
– Sal gorda

PREPARACIÓN:

A las sardinas, limpias y sin escamas, se les añade sal gorda y se colocan en una parrilla sobre brasas, preferiblemente de madera y a fuego medio, separada unos 20 centímetros. Se les da vuelta y vuelta hasta que estén en su punto.

También pueden hacerse en una plancha.

Se pueden servir solas o acompañadas con piriñaca o con aliño de aceite y vinagre, cebolleta picada y perejil.

SOBREHÚSA

La salsa *sobrehúsa* ha sido muy utilizada en Sanlúcar para la preparación del pescado frito, fundamentalmente, la acedía, sobrante de una comida anterior. Este preparado forma parte de la comida del aprovechamiento.

INGREDIENTES:

– Acedías u otro pescado sobrante de una comida anterior
– 1 cucharada de harina
– 1 hoja de laurel
– 3 dientes de ajo
– Pimienta molida
– 1 vasito de vino blanco
– Aceite puro de oliva virgen extra
– Agua
– Sal

PREPARACIÓN:

1.- En un perol ancho con fondo de aceite se sofríen los ajos fileteados y la hoja de laurel.
2.- Sobre el refrito se añade la harina y un poco de agua, disolviendo uniformemente a fuego muy suave.
3.- Se añade el vino y esperamos que empiece a hervir de nuevo, momento en que introducimos el pescado en la salsa antes de retirar el perol del fuego.

TORTILLA DE CAMARONES

INGREDIENTES (para 4 personas):

- 100 gramos de harina de trigo
- 75 gramos de camarones crudos
- 1 cebolleta muy fresca
- Agua
- Perejil
- Aceite puro de oliva virgen extra

PREPARACIÓN:

1.- Con la harina, un poco de agua, los camarones y la sal preparamos una masa uniforme y de consistencia media.

2.- Se pican muy finamente el perejil y la cebolleta, y se mezclan con la masa que hemos preparado.

3.- Con una cuchara sopera se van tomando porciones de esta masa y se fríen en el aceite que deberá estar suficientemente caliente (180°), dando la vuelta a las tortillas para dorar por ambas caras.

Antes de servir se dejan escurrir para que queden bien secas y crujientes.

Nota.- Algunas recetas incorporan una porción de harina de garbanzos (25%) junto a la de trigo. Lo importante es que la masa quede con la consistencia adecuada.

VENTRESCA DE ATÚN A LA PLANCHA

INGREDIENTES:

- Ventresca de atún
- Aceite de oliva virgen extra
- Sal

PREPARACIÓN:

En una sartén con un poco de aceite de oliva virgen extra bien caliente, se colocan los trozos de atún seleccionados. De esta forma se aprovecha mejor la grasa natural del atún, dejándolo más jugoso.

CAZA, VOLATERÍA, CARNES Y HUEVOS

ÁNSAR EN SALSA DE MANZANILLA

INGREDIENTES:

- Un ánsar
- 2 cebollas grandes
- 1 cabeza de ajos
- 1 manojo de perejil
- 100 gramos de almendras crudas
- 2 zanahorias
- 3 papas de Sanlúcar
- 1 ramita de apio
- 10 pimientos verdes de Monte Algaida
- 4 clavos
- Pimienta
- 2 hojas de laurel
- Medio litro de aceite puro de oliva virgen extra
- Media botella de manzanilla
- Sal

PREPARACIÓN:

1.- En una olla grande con el aceite se dora el ánsar previamente troceado, apartando la carne escurrida en otro recipiente.

2.- En el mismo aceite se refríen las cebollas troceadas, los pimientos, el ajo y el perejil, y añadimos las almendras.

3.- Se retira el sofrito y se maja en mortero.

4.- Se vuelven a echar los trozos del ánsar en la olla y le añadimos el majado junto a la zanahoria cortada en rodajas, el apio, el laurel y las especias, refriendo todo.

5.- Se agrega la manzanilla, agua hasta cubrir y sal, dejando guisar hasta reducir la salsa.

Se sirve con patatas fritas cortadas a cuadros grandes.

ARROZ CON PATO DE MARISMA

INGREDIENTES (para 6 personas):

- 2 patos de marisma
- Taza y media de arroz
- 1 cabeza de ajo
- Laurel
- Tomillo
- Pimienta
- Media botella de manzanilla
- Aceite puro de oliva virgen extra
- Sal

PREPARACIÓN:

1.- Se pelan y se trocean los patos, se salpimentan y se dejan aparte.

2.- En un perol con aceite se doran los ajos picados y se retiran.

3.- Pasamos a una cacerola ancha el mismo aceite que nos ha servido para freír los ajos y refreímos en él los trozos de pato. Después se agregan los ajos que tenemos ya dorados, una hoja de laurel, unas ramitas de tomillo y la manzanilla.

4.- Se espera a que el vino haya reducido su volumen hasta aproximadamente la mitad y se cubre la carne con agua.

5.- Guisamos los patos a fuego medio durante algo más de una hora, agregando agua a medida que se necesite. Cuando la carne esté tierna se añade el arroz y se deja hacer, procurando que quede jugoso.

6.- Cuando el arroz esté en su punto, se aparta y se deja reposar unos minutos antes de servir.

CARNE MECHÁ

INGREDIENTES:

- Un redondillo de ternera de 1,5 kg, aproximadamente
- 1 cebolla grande
- 4 dientes de ajo
- Pimienta molida
- 1 vaso de manzanilla
- Un vasito de Pedro Ximénez
- Aceite puro de oliva, virgen extra
- Sal

PREPARACIÓN:

1.- En un perol con aceite se dora la carne uniformemente.

2.- Se añaden la cebolla cortada a rodajas, los ajos y la pimienta.

3.- Seguidamente se agregan la manzanilla, el Pedro Ximénez y un poco de agua y sal.

4.- Se deja hacer, a fuego suave, dando vueltas a la carne de forma repetida.

5.- Cuando la carne esté hecha se saca del perol, se deja escurrir y se aparta.

6.- Con el jugo de la cocción y las verduras que han quedado en el perol, se prepara una salsa en la batidora.

Se sirve fría, cortada en rodajas de mediano grosor y con su salsa.

CARNE *PICANDEAU* A LA MANZANILLA

INGREDIENTES (para 4 personas):

- 4 filetes de ternera de unos 150 gramos
- 1 cebolla grande
- 1 cabeza de ajo
- Perejil
- Pimienta en grano
- 1 vaso de manzanilla
- 1 vaso de aceite puro de oliva virgen extra
- Sal

PREPARACIÓN:

1.- Colocar la carne con todos sus ingredientes, finamente picados, en una carola.
2.- Se rocía la manzanilla y se pone a fuego suave hasta que la carne esté tierna, cuidando de echar agua para que la salsa quede en su punto.

Se acompaña con puré de papas de Sanlúcar.

CAZUELA DE HUEVOS A LA MARINERA

INGREDIENTES (para 4 personas):

- 1 kg de rape cortado a trocitos
- 250 gramos de langostinos de Sanlúcar pelados
- 1 cebolla picada
- 1 cabeza de ajos picados
- Perejil picado
- Laurel
- Pimienta molida
- Una pizca de nuez moscada
- 2 cucharadas de harina
- 1 copa de amontillado
- 1 vaso de agua
- Medio vaso de aceite puro de oliva virgen extra
- 8 huevos
- Sal

PREPARACIÓN:

1.- En un perol con aceite se doran a fuego suave los ajos, la cebolla, el perejil, el laurel, la pimienta y la nuez moscada.

2.- Se añade la harina y se remueve el conjunto con cuchara de madera.

3.- Se agrega el amontillado, el agua y la sal, dejando hervir unos minutos.

4.- Se incorporan los langostinos pelados y los trozos de rape, dejando hervir tres minutos más.

5.- Se reparte el preparado en cuatro cazuelas de barro y se cascan dos huevos en cada una de ellas.

6.- Se ponen las cazuelas en el horno a 200° hasta que se termine de hacer.

CHICHARRONES

INGREDIENTES (para medio kilo de chicharrones aproximadamente):

- 1.250 gramos de papada de cerdo.
- 400 gramos de manteca blanca
- Orégano.
- 2 dientes de ajo.
- Sal

PREPARACIÓN:

1.- Se trocea la carne en cuadrados medianos.
2.- En una olla a fuego bajo se derrite la manteca y a continuación se echa la carne troceada, los ajos levemente machacados, una cucharadita de orégano y la sal.
3.- Se sube la potencia del fuego y se remueve con una cuchara de madera de forma continua para evitar que se peguen los trozos de carne. En 45 minutos, aproximadamente, los chicharrones estarán dorados y listos.
4.- Se sacan de la olla y se dejan escurrir hasta que suelten la manteca.

Se sirven fríos.

CONEJO A LA MANZANILLA

INGREDIENTES (para 6 personas):

- 2 kilos de conejo troceado
- 100 gramos de almendras fritas
- 1 cabeza de ajos
- 1 cebolla
- Tomillo fresco
- 2 hojas de laurel
- 1 vaso de aceite puro de oliva virgen extra
- 1 cucharada de pimentón
- Media botella de manzanilla
- Sal

PREPARACIÓN:

1.-En una cacerola con fondo de aceite se pone el conejo bien limpio y troceado junto al ajo, la cebolla picada y el pimentón, rehogándose todo.

2.- Se añaden las almendras, previamente machacadas en mortero, el laurel, la manzanilla y sal.

3.- Se deja reducir la salsa hasta que el conejo esté tierno.

Se sirve en cazuela de barro junto con unas ramitas de tomillo fresco.

CONEJO CON ARROZ

INGREDIENTES (para 4 personas):

- 1 conejo troceado
- 300 gramos de arroz
- 1 cebolla
- 5 dientes de ajo
- 1 tomate grande maduro
- 1 hoja de laurel
- 6 pimientos verdes de Monte Algaida
- Perejil
- 2 clavos
- Aceite puro de oliva virgen extra
- 1 vaso de manzanilla
- Sal

PREPARACIÓN:

1.- En un perol con fondo de aceite se doran los trozos de conejo y se apartan a una olla.

2.- En el mismo aceite se sofríen la cebolla, el ajo y el perejil, todo bien picado.

3.- Al sofrito le añadimos el tomate rallado, el laurel y las especias, damos unas vueltas y volcamos todo en la cacerola con los trozos de conejo, que pondremos al fuego.

4.- Añadimos la manzanilla y removemos unos minutos con cuchara de madera, se cubre con agua y se deja hervir durante unos 45 minutos.

5.- Finalmente agregamos el arroz y esperamos a que alcance su punto, debiendo quedar *caldosito*.

Nota.- Esta receta, con la misma dosificación de ingredientes, es igualmente válida para la elaboración del plato *zorzales* con *arroz*, utilizándose una docena de estas aves en lugar del conejo.

COLA DE TORO

INGREDIENTES (para 4 personas):

- 2 colas de toro
- 2 cebollas grandes
- 2 hojas de laurel
- 1 y ½ cabezas de ajo
- 1 cucharada de pimentón
- Aceite puro de oliva virgen extra
- Sal

PREPARACIÓN:

1.- Sobre las colas de toro limpias y troceadas dispuestas en una olla, se pican las cebollas y media cabeza de ajos.

2.- Se tuesta la otra cabeza de ajo y se añade entera a la olla.

3.- En un perol aparte sofreímos las hojas de laurel, se le agrega el pimentón y volcamos este sofrito sobre las colas de toro, las cubrimos con agua y añadimos sal.

4.- Se deja guisar durante unas dos horas a fuego medio hasta espesar la salsa.

COLA DE TORO AL ESTILO DE PACO EL PINO

INGREDIENTES:

- 1 cola de toro
- 1 cebolla grande
- 1 cabeza de ajo
- 1 rama de perejil
- 1 tomate grande maduro
- 1 pimiento verde de Monte Algaida
- 2 hojas de laurel
- Pimienta en grano
- Manteca de cerdo
- Nuez moscada
- Media botella de manzanilla
- Sal

PREPARACIÓN:

1.- Se trocea la cola de toro por las coyunturas para evitar huesos rotos, se lavan y se colocan en una cacerola.

2.- Se pican finamente todos los ingredientes y se echan junto con la manteca de cerdo sobre la cola de toro.

3.- Se cubre con la manzanilla, se sazona y se pone a fuego suave hasta hacerse, añadiendo agua a medida que se va reduciendo la salsa.

Nota.- La salsa debe quedar bien trabadita, procurándose que la carne se despegue del hueso a la hora de servir

GALLARETAS CON TOMATE

INGREDIENTES (para 4 personas):

- Dos gallaretas troceadas
- 4 tomates maduros grandes
- 4 pimientos verdes de Monte Algaida
- Medio pimiento rojo de asar
- 1 cebolla
- 3 dientes de ajo
- 1 hoja de laurel
- 1 vaso de manzanilla
- Aceite puro de oliva virgen extra
- Sal

PREPARACIÓN:

1.- Los trozos de las gallaretas, bien lavados, se refríen en un perol y se pasan a una cacerola.
2.- En el mismo aceite se sofríen la cebolla, los pimientos y los ajos, todo bien picado.
3.- Volcamos el sofrito en la cacerola donde tenemos la carne, se añaden el laurel y la manzanilla y removemos bien.
4.- Se agregan los tomates troceados y la sal, dejando hervir durante 5 minutos.
5.- Se cubre con agua y se mantiene al fuego hasta que la carne esté tierna y la salsa quede reducida.

MENUDILLOS DE POLLO CON ARROZ

INGREDIENTES (para 4 personas):

- Medio kilo de higaditos de pollo
- 1 vaso de arroz
- 1 cebolla
- 3 dientes de ajo
- 2 hojas de laurel
- Unos granos de pimienta negra
- Medio vaso de manzanilla pasada
- Aceite puro de oliva virgen extra
- Sal

PREPARACIÓN:

1.- La cebolla y el ajo, bien picados, se refríen en un perol con aceite sin que lleguen a dorarse.

2.- Se añade el laurel, los higaditos y la pimienta, se rehoga todo y se agrega la manzanilla.

3.- Se añade el arroz y se remueve bien antes de cubrir con agua y echar la sal.

4.- Se deja cocer a fuego muy suave, agregando agua a medida que se va necesitando.

5.- Cuando el arroz alcance su punto se aparta y se deja reposar unos minutos antes de servir.

PATO GUISADO

INGREDIENTES (para 2 personas):

- 1 pato de marisma
- 1 cebolla y media
- Perejil
- 4 dientes de ajo
- Pimienta negra
- 1 vaso de aceite puro de oliva virgen extra
- 1 vaso de manzanilla
- Sal

PREPARACIÓN:

1.- Se despelleja el pato por completo y se trocea dividiéndolo en cinco partes: la pechuga cortada en dos mitades, los muslos y la manzana.
2.- Después de lavar la carne la ponemos en una cacerola.
3.- En un perol aparte se fríen la cebolla, dos dientes de ajo y el perejil, todo troceado, y volcamos este refrito con su aceite sobre la cacerola con los trozos del pato que pondremos al fuego.
4.- Se remueve bien y se añade la manzanilla, pimienta negra y sal.
5.- Cuando esté a medio hacer le agregamos media cebolla en crudo y un par de dientes de ajo, todo bien picadito.
6.- Se va añadiendo agua a medida que se reduce la salsa y dejamos hacer hasta que el pato quede tierno.

Se sirve fileteado y con su salsa, pudiéndose acompañar con pequeñas papas cocidas, arroz en blanco o puré.

SANGRE ENCEBOLLADA

INGREDIENTES (para 4 personas):

- 350 gramos de sangre cuajada de cerdo o de ternera
- 1 cebolla grande
- 2 dientes de ajo
- Aceite puro de oliva virgen extra
- Sal

PREPARACIÓN:

1.- En un perol con fondo de aceite se refríe ligeramente la sangre cortada a dados con una pizca de sal, cuidando que no se queme, y se pone aparte.
2.- En el mismo aceite se rehogan la cebolla y el ajo, muy picaditos.
3.- Cuando la cebolla esté transparente se le añade la sangre que tenemos apartada y un poco de sal y se mezcla bien.

Se sirve caliente. En algunas casas sanluqueñas se añade tomate frito.

VENADO A LA SANLUQUEÑA

INGREDIENTES (para 4 personas)

- 750 gramos de carne de venado
- 2 cebollas grandes
- Pimienta negra
- Laurel
- 6 dientes de ajo
- 4 zanahorias
- 1 vaso de aceite puro de oliva virgen extra
- 1 vaso de manzanilla
- Sal

PREPARACIÓN:

1.- Se trocea la carne, se lava y se coloca en una cacerola al fuego con aceite, añadiendo los ajos y la cebolla bien picados, la pimienta y las zanahorias cortadas a rodajas. Se refríe todo el conjunto cuidando de remover bien.

2.- Se añade la manzanilla y la sal y se mantiene a fuego medio, añadiendo agua a medida que se va reduciendo la salsa.

3.- Se deja hacer hasta que la carne alcance su punto.

Se sirve con su salsa y puede acompañarse de patatas fritas.

DULCES Y POSTRES

ALPISTERAS

INGREDIENTES (para unas 24 alpisteras):

- 12 yemas de huevo
- 200 gramos de harina de trigo
- Rayadura de 4 limones
- 300 gramos de azúcar
- 1 vaso de agua

PREPARACIÓN:

1.- Se prepara una masa uniforme con la harina, las yemas de huevo y la rayadura de los limones.
2.- La masa preparada se extiende bien con el rodillo, dejando un grosor de medio centímetro.
3.- Con la rueda de corte hacemos rombos de unos 8 centímetros de lado y los colocamos en la bandeja de hornear que seguidamente metemos en el horno precalentado a una temperatura de 180°.
4.- Cuando veamos que los extremos de los rombos se empiezan a doblar se sacan del horno.
5.- Finalmente se glasean las alpisteras bañándolas en un almíbar al punto de bola floja (110°), que hemos elaborado con el azúcar y el agua.

Es un dulce de gran tradición en Sanlúcar durante la Semana Santa.

ARROPE

INGREDIENTES:

- Mosto de uva fresco
- Trozos de calabaza

PREPARACIÓN:

Se cuece el mosto, a ser posible en caldera de cobre, y se le deja hervir hasta conseguir que espese.

Se recomienda dejarlo reposar durante un par de días, pasados los cuales se añaden trozos de calabaza encalados, y se vuelve a cocer hasta que el líquido quede reducido, por lo menos, a la mitad de su volumen inicial. Se sirve frío.

El arrope calabazote era muy consumido en Sanlúcar en época de vendimia, siendo corriente en épocas pasadas su venta callejera que era pregonada por meleros procedentes de La Mancha.

ARROZ CREMOSO CON LECHE

INGREDIENTES:

- 1 litro de leche entera
- Medio vaso de arroz
- 1 palo de canela
- 1 vaso de azúcar
- Corteza de medio limón
- Canela molida

PREPARACIÓN:

1.- Se pone la leche a fuego suave con el palo de canela y la corteza de limón.
2.- Cuando comience a hervir se añade el arroz, removiendo de vez en cuando durante 45 minutos.
3.- Se añade el azúcar y se mantiene en el fuego durante 5 minutos más.

Se sirve frío en cazuela de barro y espolvoreado con la canela molida.

BONIATOS AL HORNO

Este sencillo postre, de tradicional consumo en Sanlúcar como postre o merienda, es típico de finales del otoño.

INGREDIENTES:

- Boniatos enteros y bien lavados
- Azúcar (opcional)

PREPARACIÓN:

1.- Precalentar el horno a 200° de temperatura, con calor superior e inferior.
2.- Los boniatos, una vez perfectamente lavados y secados se colocan sin pelar sobre papel de hornear en una bandeja que se introduce a media altura en el horno. Es conveniente pinchar repetidamente la piel de los boniatos con un tenedor.
3.- Dependiendo del tamaño de los boniatos, estos deben permanecer en el horno entre 45 minutos (ejemplares de 300 a 400 gramos) y más de una hora (a partir de 500 gramos).

Los boniatos horneados deben quedar con la piel tostada, arrugada y crujiente.

Se consumen calientes o fríos y se les puede añadir azúcar.

COMPOTA DE MEMBRILLO

INGREDIENTES:

- 1 kg de membrillo
- 250 gramos de azúcar
- Canela en rama
- Clavos
- 1 litro de agua

PREPARACIÓN:

1.- En una cacerola con el agua se echa el azúcar y se pone a hervir.
2.- Se añade el membrillo troceado a gajos, sin piel y sin semillas, junto a la canela en rama y los clavos.
3.- Se deja cocer a fuego suave hasta que el membrillo esté blando y el almíbar haya adquirido su punto.

Este postre típico del otoño se sirve frío y bañado en su almíbar.

PESTIÑOS

INGREDIENTES (para 1 kg aproximado de pestiños):

- 1 kilo de harina de trigo - 1 vaso y ½ de manzanilla
- 1 litro de aceite puro de oliva virgen extra
- Levadura - Zumo de media naranja agria
- Ralladuras de limón
- Miel - Matalahúva - 1 copita de anís
- Sal - Bolitas de anís.

PREPARACIÓN:

1.- En un perol con el aceite se fríe la matalahúva hasta dorar.

2.- Se prepara una masa con la harina, un poco de levadura, el zumo de la media naranja agria, el anís, la manzanilla, la ralladura de limón, un vaso de aceite, la matalahúva frita y una pizca de sal. Este conjunto se amasa hasta conseguir que quede compacto y perfectamente homogéneo, dejando reposar un rato.

4.- Se pasa el rodillo por la masa hasta que alcance el grosor adecuado (sobre medio centímetro) y se van cortando rombos de unos 3 centímetros de lado a los que doblamos los extremos y ponemos en el aceite, bien caliente, hasta dorar.

5.- Una vez fritos se bañan en almíbar preparado con anterioridad, sacándolos inmediatamente.

6.- Se espolvorean con bolitas de anís y se dejan enfriar.

Es un dulce imprescindible en los hogares sanluqueños durante las fiestas de Navidad y Año Nuevo.

Se sirven regados con el almíbar de miel.

Nota.- El almíbar se consigue calentando la miel con un tercio de su volumen de agua.

POLEÁS (O GACHAS)

INGREDIENTES:

- Harina blanca de trigo
- Aceite puro de oliva virgen extra
- Aguardiente
- Matalahúva
- Leche
- Azúcar
- Canela molida

PREPARACIÓN:

1.- En una cacerola al fuego ponemos la leche a la que se le va añadiendo harina pasada por un tamiz sin parar de remover para evitar grumos.
2.- En el momento de empezar a espesar se le va chorreando aceite en el que hemos frito la matalahúva y se agrega el azúcar a la par que removemos.
3.- Conseguida la consistencia deseada se aparta.

Se sirve caliente y con canela espolvoreada. Pueden añadirse «coscorrones» hechos con pequeños dados de pan frito.

TOCINO DE CIELO

INGREDIENTES:

- 12 yemas de huevo
- 500 gramos de azúcar
- Medio limón
- Agua

PREPARACIÓN:

1.- En un cazo al fuego se prepara un almíbar con medio litro de agua, el azúcar y un chorreón de limón. Se retira cuando empiece a hervir, dejando enfriar a temperatura ambiente.
2.- En un recipiente aparte se baten bien las yemas y se va agregando el almíbar ya frío, removiendo bien la mezcla durante unos minutos.
3.- La mezcla de yemas y almíbar se vierte en un molde untado con caramelo y se calienta al «baño María» durante unos 45 minutos, procurando que no hierva.
4.- Al adquirir el punto de cocción deseado se deja enfriar y se corta en trozos cuadrados o redondos.

TORRIJAS

INGREDIENTES:

- Pan para torrijas
- Manzanilla
- Huevos
- Almíbar de azúcar o de miel
- Aceite puro de oliva virgen extra

PREPARACIÓN:

1.- Se corta el pan en rebanadas de un grosor aproximado de un centímetro.
2.- Bañamos las rodajas de pan en el vino y las dejamos reposar en una fuente durante unos 15 minutos antes de pasarlas por el batido de huevos y ponerlas a freír en el aceite, procurando que queden doraditas.
3.- Se bañan en el almíbar durante un momento, se escurren y se colocan en una fuente.
4.- Se sirven regadas con unas cucharadas de almíbar.

Es un dulce muy popular en Sanlúcar durante la Semana Santa.

Nota.- El almíbar a usar puede ser elaborado con azúcar o con miel. Si es de azúcar lo conseguimos hirviendo agua con azúcar (una parte de agua por cada dos de azúcar). Si se trata de almíbar de miel calentamos miel con un tercio de su volumen de agua, es decir, una parte de agua por cada tres de miel.

GLOSARIO

Se relacionan los términos más comunes que hacen referencia, directa o indirectamente, a la cocina y la enología sanluqueñas, con sus respectivas definiciones.

Acedía – Pescado blanco magro, de nombre científico *Dicologlossa cuaneata*. Es un pez plano con los ojos situados a la derecha de su lado de coloración más oscura. Muy consumido en Andalucía, donde se pesca principalmente en su costa suratlántica. Las acedías sanluqueñas, capturadas en la desembocadura del Guadalquivir con arte de trasmallo, gozan de un gran prestigio por su finura y su inconfundible sabor a mar. Aunque es más abundante en los meses fríos del año, tal carácter no queda reflejado en el mercado de forma acusada. Su preparación más demandada en la cocina de Sanlúcar es frita o a la plancha cuando sus dimensiones son las adecuadas.

Adafina – Puchero de carne y berza que los andalusíes judaizantes dejaban la noche del viernes en un anafe cubierto con rescoldos para ser consumido al día siguiente, por la prohibición hebrea de trabajar el sábado.

Adobado – Acción y efecto de adobar.

Adobo – Preparación de alimentos para su mejor conservación y dotarlos de sabor, adicionándoles un compuesto elaborado a base de aceite, vinagre, sal y orégano, entre otros ingredientes. En Sanlúcar se han adobado tradicionalmente pescados como el cazón y la caballa.

Agraz – Uva sin madurar.

Ahumado – Proceso que se aplica al pescado para conservarlo por medio de humo producido por diferentes tipos de madera. De esta actividad, muy practicada en Sanlúcar en otros tiempos, tomó su nombre el antiguo barrio sanluqueño de los Humeros.

Ajillo - Condimento hecho con ajo y otros ingredientes, como el pimentón y guindillas. «Al ajillo» hace referencia a que un producto se elabora con este preparado: «gambas al ajillo».

Ajo – Planta liliácea de procedencia oriental que fue introducida por los romanos. Es condimento fundamental en el recetario sanluqueño. / (... **caliente)** Plato tradicional de la cocina rural de Sanlúcar de Barrameda. / (... **campero**) Plato tradicional de la cocina rural de Sanlúcar de Barrameda. / (.. **de papa**) Plato tradicional de la cocina sanluqueña.

Albariza – Terreno arcilloso-calizo de aspecto blanquecino sobre el que se asientan los mejores viñedos de la variedad de uva *Listán*, base para la elaboración de la manzanilla.

Alcaucil – Planta hortense comestible cuya cabezuela o piña, llamada alcachofa, está compuesta por hojas dispuestas a manera de escamas. Muy utilizado en Sanlúcar para la preparación de guisos tradicionales como los *alcauciles rellenos* o los *alcauciles con chícharos*.

Aliñado – Acción y efecto de aliñar.

Aliño – Condimento o conjunto de ingredientes que se usan para sazonar las comidas. / Aderezo.

Almacén – En Sanlúcar se llama así a la tienda de ultramarinos que despacha artículos comestibles y bebidas al por menor.

Almacenero – Dueño o dependiente de un almacén o tienda de ultramarinos.

Almadraba – Arte de pesca de grandes dimensiones, utilizada para la captura del atún. Las famosas almadrabas de Conil y Zahara, fueron pertenencia de los duques de Medina Sidonia, señores de Sanlúcar, por concesión de Sancho IV a los primeros Guzmanes.

Almeja – Molusco bivalvo de concha fuerte, cuya superficie está surcada de costillas cada vez más juntas según se acercan a la zona ventral. Su color varía entre el blanco y el gris más o menos oscuro. Su nombre científico es *Cha-*

melea gallina. En Sanlúcar se comercializa una almeja de menor tamaño, la *chirla*, muy utilizada para elaborar platos de entrada (*almejas a la sanluqueña*), arroces, sopas y como ingrediente complementario en guisos de pescado.

Almendrita – Choco de pequeño tamaño, de 3 a 5 cm de largo.

Alpistera – Dulce sanluqueño de popular consumo durante la Semana Santa. Se elabora con harina, yemas de huevo, azúcar y ralladuras de limón.

Amarillo (en) – Modo de hacer y adjetivar guisos a los que el azafrán les aporta este color. Son emblemáticos de la cocina sanluqueña el *cazón* y el *rape en amarillo*.

Amontillado – Clásico vino de las bodegas de la zona de crianza del Marco de Jerez (Sanlúcar de Barrameda, Jerez de la Frontera y El Puerto de Santa María) caracterizado por su aroma punzante y paladar exquisito. Es de color ámbar atenuado, suave y seco que se acerca al *fino* en el paso por boca y al *oloroso* en el paladar. Su graduación alcohólica fluctúa entre los 17 y los 19°.

Anchova – Ver Chova.

Ánsar – Ganso u oca silvestre muy abundante en Doñana. Con su carne se preparan en Sanlúcar guisos de gran tradición cazadora.

Aranzada – Unidad de superficie usada en Sanlúcar, equivalente a 4.751 metros cuadrados.

Arena – Constitución del suelo agrícola de la Colonia de Monte Algaida y Llanos de Bonanza donde se cultivan los productos protegidos por el distintivo «Arenas Finas».

Arrastre – Arte de pesca usado por los marineros de Sanlúcar.

Arrope – Mosto de uva cocido, espesado por evaporación y reducido hasta conseguirse un líquido denso, oscuro y dulzón.

Arte (de pesca) – Equipo empleado para la captura de peces.

Atún – Pescado azul robusto y muy apreciado, perteneciente a la familia de los túnidos. El utilizado en la cocina sanluqueña es el conocido por atún rojo (*Tunnus thynnus*), elaborándose con él numerosos platos. Se pesca en almadrabas situadas a la entrada del Mediterráneo, aprovechándose para la captura sus movimientos migratorios.

Avíos – Conjunto de carnes, tocino, huesos y chacinas, indispensables en la elaboración de pucheros o berzas y que luego formarán la *pringá*.

Batata – Tubérculo comestible de la planta del mismo nombre. Muy cultivado en terrenos de «arenas finas» de La Algaida y los Llanos de Bonanza cuya producción está destinada en su mayor parte a los mercados europeos. En Sanlúcar, donde es más conocido como boniato, se ha consumido tradicionalmente asado como postre o merienda.

Berza – Guiso elaborado con verduras, hortalizas y carne. Son numerosas las variantes de este plato según los ingredientes utilizados. La berza sanluqueña de mayor tradición es la que lleva como verduras, habas y guisantes. Es plato de «pringá».

Boba – Pan de trigo típico de Sanlúcar, de forma redondeada, suave corteza y mucha miga, de medio kilo o más de peso.

Bobita – Pan de trigo típico de Sanlúcar de menor tamaño que la *boba*.

Boniato – Ver Batata.

Boquerón (o anchoa) – Pescado azul de pequeño tamaño (de 15 a 20 centímetros en su etapa adulta), de nombre científico *Engraulis encrasicolus*. Es característica su mandíbula superior prominente. Muy abundante en la pesca de Sanlúcar, donde suele consumirse frito en tapas y raciones.

Bota – Vasija de roble americano de aproximadamente 30 arrobas de capacidad (500 litros) utilizada para la crianza y envejecimiento de los vinos del Marco de Jerez (Sanlúcar de Barrameda, Jerez de la Frontera y El Puerto de Santa María).

Bou – Sistema de pesca de arrastre a través de un par de barcos (pareja), utilizado en otro tiempo por los pescadores sanluqueños.

Calamar – Cefalópodo, de nombre científico *Loligo vulgaris*, muy común de la pesca sanluqueña. Se caracteriza por su tonalidad rosácea, sus ocho tentáculos con ventosas, sus aletas situadas en la parte posterior del cuerpo y la pluma de naturaleza córnea en el interior de su bolsa. En Sanlúcar se preparan fritos, rellenos o guisados.

Camarón – Crustáceo marino de pequeño tamaño y largas antenas, de color blanquecino, muy abundante en la desembocadura del Guadalquivir. Son muy populares en Sanlúcar, donde se consumen cocidos y aderezados con zumo de limón o como ingrediente básico en las *tortillas de camarones*.

Caña – Vaso de cristal utilizado tradicionalmente para beber manzanilla. Es estrecho, de forma ligeramente troncocónica y con una gruesa base.

Cañera – Utensilio de metal, cerámica o madera que sirve para acoger y trasladar un conjunto determinado de cañas de manzanilla.

Cardumen – Agrupación transitoria de peces de una misma población o especie, unida por una conducta semejante.

Castañita – Nombre que recibe en Sanlúcar el choco de pequeño tamaño.

Castora – Vaso grande de vino.

Cazón – En Sanlúcar se denomina cazón a todas las clases de escualos, entre ellos el pez angelote, la lija, la pintarroja, el alitán, el pinchudo y el marrajo. Su carne es la base de un amplísimo recetario local, pudiéndose cocinar frito, empanado, en amarillo, en adobo, encebollado, etc.

Cebolla – Bulbo esférico comestible de la planta liliácea de igual nombre. Es de color blanco o rojizo, formando capas tiernas y jugosas de olor fuerte y sabor más o menos picante.

Chanca – Lugar donde antiguamente se descuartizaba (ronqueo) el atún y se preparaban sus diferentes partes para la venta.

Chícharo – Nombre por el que en Sanlúcar y su entorno es conocido el guisante.

Chiuato – Crustáceo (langostino, gamba y cigala) que, aunque fresco, presenta un aspecto poco atractivo debido a la muda de su caparazón. Suelen servirse fritos.

Chipirón – Calamar de pequeño tamaño muy adecuado para cocinar *al veranillo*.

Choco – Cefalópodo de nombre científico *Sepia officinalis*, muy presente en la pesca de Sanlúcar. A diferencia del calamar, posee un cuerpo redondeado y una concha calcárea en su interior, así como aletas que recorren todo el exterior de su cuerpo. En Sanlúcar se cocina frito, cocido y aliñado, a la plancha y guisado con papas.

Chova – La chova o anchova es un pescado azul, propio del verano, parecido a la caballa que en Sanlúcar se prepara frita en adobo.

Cocer – Sumergir los alimentos en un líquido y someterlos al calor de la ebullición hasta adquirir el punto apropiado para su consumo.

Cocido – Plato muy común de la cocina andaluza y sanluqueña, elaborado con legumbres, hortalizas y carnes sometidas a un proceso de hervido o cocción. Reciben diferentes nombres según sea el ingrediente fundamental: de garbanzos, de alubias, berza, etc.

Coquina – Molusco bivalvo de fango, de concha más fina y de color más claro que la chirla o la almeja. La práctica de su captura con rastrillo por los mariscadores sanluqueños ha sido un aprovechamiento tradicional en las playas de Doñana. Se preparan al vapor.

Coles – En Sanlúcar, sinónimo de berza.

Colorao (en) – Guiso elaborado con aceite de oliva, cebolla, ajo, sal, pan frito y pimentón. En Sanlúcar se utiliza fundamentalmente en los guisos de pescado, siendo emblemático de su cocina el plato denominado *raya en colorao o a la sanluqueña*.

Copo – Bolsa o compartimento de las redes donde se concentra la captura de peces.

Corcho (o cocho) – Habas cocidas en agua con sal (*habas cochas o corcho de habas*).

Corral de pesca – Antiguo sistema de pesca consistente en la construcción de un muro cerrado, situado en la orilla del mar y sometido a inundación por las pleamares. Durante la bajamar, mediante la *tarraya*, se capturan los peces que han quedado atrapados o acorralados en el interior del recinto. En Sanlúcar aún pervive el llamado Corral de Merlín o de Martín.

Corvina – Pez teleósteo de nombre científico *Sciaena umbra*, muy apreciado en Sanlúcar, donde se elabora a la plancha y guisado con chícharos. Es de color pardo con manchas negras en el lomo, vientre plateado y carne sabrosa.

Costo – Almuerzo frío que lleva el trabajador cuando debe comer fuera del domicilio.

Cundi – Pan de trigo de forma ovalada terminado en dos «picos» redondeados, típico de Sanlúcar.

Dorada – Pez semigraso de nombre científico *Sparus aurata*. Muy apreciado en el mercado sanluqueño, se caracteriza por la franja dorada situada entre los ojos y rodeada por dos zonas oscuras. De carne blanca y compacta, se prepara al horno con hortalizas o a la sal.

Ensalada – Hortalizas aderezadas con aceite, vinagre y sal. Pueden enriquecerse con la incorporación de otros productos tales como pescados, marisco o huevas.

Ensaladilla – Variante de la ensalada en la que los ingredientes hortícolas se presentan previamente cocidos, en pequeños trozos y envueltos en una salsa consistente como mayonesa o alioli. Pueden igualmente enriquecerse con la adición de otros productos no hortícolas como gambas o langostinos.

Esparragao – Verdura guisada al estilo peculiar de los espárragos trigueros.

Espárrago (triguero) – Planta silvestre de tallo alto culminado por una yema, muy utilizada en la cocina sanluqueña. Para su venta, los propios recolectores los ofrecen en manojos atados cuyo conjunto se conoce por el nombre de «maceta». Se preparan con un majado de pan frito mojado en vinagre, ajo frito, pimentón y comino. Suele añadírsele un huevo que se cuaja en el mismo guiso.

Eviscerar – Extraer las vísceras del pescado.

Fino – Tipo de vino generoso que se elabora en las bodegas de la zona de crianza del Marco de Jerez (Sanlúcar de Barrameda, Jerez de la Frontera y El Puerto de Santa María) mediante el procedimiento de criaderas y soleras.

Es un vino pálido, seco y ligero, con graduación alcohólica entre 15 y 17°.

Flor – Se denomina así a la capa de levaduras y otros microorganismos que cubren la superficie de los vinos (manzanillas y finos) durante su crianza biológica por el procedimiento de criaderas y soleras. Las manzanillas, a diferencia de los finos, presentan esta capa de forma persistente y con una mayor consistencia, circunstancia que reduce su oxigenación, aportándoles sus características diferenciadas.

Freiduría (o freidor) – Despacho de pescado frito, que se sirve en papel de estraza formando un cucurucho.

Freír – Someter los alimentos al calor del aceite hirviendo hasta alcanzarse el punto justo para su consumo.

Frijón – Se llama así en Sanlúcar a la judía de pequeño tamaño.

Frito sanluqueño – Conjunto de pescados fritos que en Sanlúcar se ofrecen en raciones o medias raciones. Los pescados integrantes de un clásico frito sanluqueño son la acedía, la pijota, el choco y la puntillita.

Fumet – Preparación líquida que se obtiene hirviendo en agua con sal, cabezas y restos de pescados y mariscos con verduras. Es un caldo de mariscos o de pescado que se utiliza en diversas preparaciones como sopas o guisos marineros.

Gachas – Papilla preparada con harina, matalahúva, leche y azúcar hasta alcanzar una determinada consistencia. En Sanlúcar se conoce este plato con el nombre de poleás.

Galera – Crustáceo de peculiar fisonomía, muy abundante en las inmediaciones de la desembocadura del Guadalquivir, especialmente entre los meses de diciembre y marzo. Son particularmente apreciadas las galeras llenas, con abundante carne, y las llamadas *de coral* o con huevas. Se consumen después de ser hervidas, cocidas o a la plancha, o como ingredientes en sopas.

Gallareta – Ave acuática de la familia de los rállidos que vive entre la vegetación aledaña a las lagunas de Doñana. Su preparación con tomate forma parte del recetario tradicional de Sanlúcar.

Gamba – Crustáceo muy abundante en la pesca de Sanlúcar. Es blanca con tonalidad ligeramente rosácea, muy apreciada por sus características cualitativas. Se consumen cocidas, al ajillo, a la plancha, formando parte de diversos guisos o como ingrediente en tortillas, ensaladas y ensaladillas.

Garum – Producto que era obtenido por la maceración y fermentación de vísceras y entrañas de diversas clases de pescados. Fue muy apreciado en la Roma clásica, donde se utilizaba como salsa o mezclado con diversos alimentos y bebidas.

Gazpacho – Popular y extendido plato o bebida de origen rural que se elabora con un majado de ajo, cebolla, pimiento, tomate, miga de pan, aceite, vinagre, sal y agua, pudiendo recibir otros productos según las diversas costumbres locales.

Gorrión – Popular vaso para vino de tamaño mediano, de cristal fino y forma cilíndrica.

Gorrón – Quisquilla. Cuando son de pequeño tamaño suelen venderse como camarones.

Guiso – Plato elaborado con diversos productos rehogados y cocidos en una salsa.

Habichuela – Nombre que en Sanlúcar recibe la judía.

Hervir – Someter un líquido a la acción del calor hasta conseguir el punto de ebullición.

Hueva – Masa alargada y de forma oval conformada por un conjunto de huevecillos de ciertos peces. Es tapa muy popular en Sanlúcar, donde se consumen cocidas y presentadas en rodajas aliñadas o con mayonesa. Las de menos tamaño suelen presentarse fritas.

Huevos de choco – Son las glándulas nidamentarias o nidamentales del aparato reproductor del choco hembra. Muy populares como tapa en Sanlúcar, donde se consumen cocidos y acompañados de piriñaca, con mayonesa o con limón.

Jarampa – Pago en especie (pescado) a los marineros, en pequeña escala y como atención graciable.

Lance – Conjunto de operaciones necesarias para utilizar una red de pesca.

Langostino – Considerado como el producto estrella de la gastronomía sanluqueña. Posee una diferenciación genética clara con respecto al resto de este tipo de crustáceos procedentes de otros caladeros, tanto nacionales como internacionales. Sus fuertes bigotes, su cola tornasolada con característico toque azulado y un sabor intenso que es fruto de la riqueza biológica de la desembocadura del Guadalquivir en que se desarrolla su vida, dotan al langostino sanluqueño de unas singularidades cualitativas que le han hecho acreedor a ser comercializados bajo la protección de la marca distintiva *Langostino de Sanlúcar*. Se consumen cocidos, a la plancha, formando parte de ensaladas o como ingredientes de lujo en algunos guisos marineros.

Lenguado (de arena) – Pescado plano de nombre científico *Solea vulgaris*, que vive en los fondos marinos. Es pescado blanco y magro muy apreciado cuya característica más representativa es la de poseer los ojos sobre la derecha en su lado de coloración más oscura. En Sanlúcar se preparan a la plancha o en tartera.

Listán - Variedad de uva de la que se obtiene la manzanilla y los vinos de mesa jóvenes en Sanlúcar de Barrameda. En otras localidades del Marco de Jerez recibe el nombre de *Palomino Fina*.

Lonja – Instalación donde se comercializa la pesca diaria desembarcada en un puerto pesquero.

Lota – Subasta de pescados y mariscos tras su desembarco en la lonja. En Sanlúcar la lota se efectúa en la lonja del Puerto de Bonanza, ofreciendo su desarrollo un atractivo espectáculo de viveza y color.

Majado – Mezcla pastosa conseguida al machacar en el mortero diversos ingredientes que son utilizados en un guiso.

Manzanilla – Vino generoso, monovarietal de la variedad de uva Listán, de características especiales, que se cría, exclusivamente, en Sanlúcar de Barrameda gracias al especial ambiente de sus bodegas. Es de color muy pálido, seco, aroma suave, sabor algo amargo, aunque sumamente agradable, y de grado alcohólico comprendido entre los 15 y los 16°. Es un vino protegido por la Denominación de Origen Manzanilla-Sanlúcar de Barrameda. / (… **pasada**) Se dice de la manzanilla con mayor vejez.

Marisco – Animales marinos comprendidos en los grupos de crustáceos y moluscos.

Mayeto – Se aplicaba este nombre a los pequeños propietarios de huertos. En la actualidad reciben en Sanlúcar el nombre de *mayetas* o *mayetos*, los agricultores, generalmente poseedores de viñas, cuyas propiedades, sin ser de excesiva extensión y producción, les permiten vivir con un cierto desahogo económico.

Merluza – Pez de nombre científico *Merluccius merluccius*, muy abundante en la pesca de Sanlúcar. A las de mayor tamaño se les llaman *merluzas* o *pescadas*; *pescadillas* a las medianas y *pijotas* a las más pequeñas.

Moluscos – Mariscos invertebrados de cuerpo blando cuya característica distintiva es la concha, que puede ser de una pieza, como en los casos del caracol y la lapa; de dos piezas, como la ostra, el muergo y la almeja, o interna como aparecen en el calamar y el choco. Algunos moluscos, como el pulpo, carecen de concha. Los tres grupos más corrientes de moluscos son los cefalópodos, los bivalvos y los gasterópodos.

Moscatel – Vino varietal dulce elaborado con uvas de su mismo nombre.

Mosto – Zumo de la uva sin fermentar obtenido por prensada del fruto. En Sanlúcar se designa con este mismo nombre el vino nuevo ya totalmente fermentado que empieza a aclarar de forma natural a finales del otoño. También se llaman *mostos* los establecimientos sanluqueños dedicados específicamente a servir este tipo de vino nuevo.

Muergo – Marisco bivalvo, de forma alargada, también conocido por el nombre de navaja. Su pesca, durante las bajamares, fue muy practicada entre los sanluqueños en tiempos en que este molusco era mucho más abundante que en la actualidad. Se consumen cocidos en agua con sal y aderezados con zumo de limón o vinagre.

Navacero – Pequeño agricultor propietario de un *navazo*.

Navazo – Curioso y práctico sistema agrícola de alta y excelente producción que ha sido tradicional en los arenales costeros de Sanlúcar. El navazo se formaba excavando la arena hasta cerca del nivel freático, utilizándose para el riego el agua que manaba a una especie de pozo o *tollo*. Para su mejor rendimiento era fundamental un fuerte abonado para fertilizar las estériles arenas de la playa.

Oloroso – Vino generoso, clásico de las bodegas de la zona de crianza del Marco de Jerez (Sanlúcar de Barrameda, Jerez de la Frontera y El Puerto de Santa María), caracterizado por su aroma. Es vino seco, de color oscuro y mucho cuerpo, con una graduación comprendida entre los 18 y 20°. Si es ligeramente abocado se le llama *medium*.

Ortiguilla – Es una anémona, la llamada *Anemonia sulcata*, de aspecto verdoso y con tentáculos, muy apreciada por su delicado y genuino sabor. Se prepara rebozada y frita.

Ostión – Molusco del tipo ostráceo que vive adherido a las rocas. De forma muy irregular, es algo mayor y más basto que la ostra común. Muy abundante en otro tiempo en las rocas y piedras de la playa sanluqueña de Las Piletas. Su concha calcárea fue utilizada para elaborar harina destinada a las aves.

Palomino – Principal variedad de uva cultivada en el Marco de Jerez de la que se obtiene sus diferentes vinos. En Sanlúcar se conoce por el nombre de *Listán*.

Papa – Nombre que recibe la patata en Sanlúcar y su entorno. Son especialmente apreciadas las cultivadas en los arenales de Monte Algaida y Llanos de Bonanza, especialmente de la variedad *spunta*. Conocida como «papa de Sanlúcar» se comercializa bajo la marca distintiva de calidad «Arenas Finas».

Papelón – Conjunto de *fritos sanluqueños* expendidos en un gran cucurucho de papel de estraza. Muy popular en tiempos en que en Sanlúcar abundaban las freidurías o despachos de pescado frito.

Pareja – Par de barcos de una sola vela utilizados en otro tiempo para el sistema de pesca de arrastre llamado *bou*.

Patata (o Papa) – Tubérculo redondeado y carnoso comestible de la planta herbácea solanácea del mismo nombre, originaria de América.

Pedro Ximénez – Variedad de uva de la que se obtiene, tras ser vendimiada y soleada, el vino dulce varietal de igual nombre.

Perejil – Planta herbácea umbelífera con hojas de color verde oscuro y muy aromáticas que se usa en cocina como condimento.

Pescadilla – Merluza de tamaño medio.

Pestiño – Dulce navideño muy popular en la Baja Andalucía. Se elabora con harina, vino, anís, matalahúva y otros ingredientes.

Picadillo – Ensalada compuesta de cebolla, pimiento, tomate, sal, vinagre y aceite de oliva en la que sus componentes hortícolas se mezclan muy picados. Es susceptible de recibir otros ingredientes. También recibe este nombre el conjunto de añadidos sólidos (jamón, huevo duro y pan frito) que se agregan muy picados al consomé o al caldo.

Pijota – Merluza de pequeño tamaño muy habitual en el mercado de Sanlúcar. Es un pescado integrante de una ración de fritos sanluqueños.

Pimiento – Fruto cónico de baya hueca de la planta herbácea de la familia de las solanáceas de su mismo nombre, de procedencia americana. Es de color verde que generalmente se transforma en rojo. En la cocina de Sanlúcar se utiliza como ingrediente en guisos y para la preparación de ensaladas y piriñacas. Son famosos los pimientos cultivados en los arenales de la Colonia de Monte Algaida, de la variedad *dulce italiano*, muy adecuados para freír.

Pimiento (en rama) – Pimientos secos que se conservan agrupados en forma de racimos.

Piriñaca – Ensalada en verde compuesta por tomate, cebolla, pimiento, aceite, vinagre y sal, muy utilizada en Sanlúcar como guarnición de pescados asados y a la plancha.

Pochar – Rehogar un alimento. Pasar ligeramente los alimentos por aceite caliente sin que lleguen a dorarse.

Poleás (o gachas) – Plato típico de la cocina bajo andaluza, variante dulce de las gachas, muy consumido como postre en Sanlúcar en otros tiempos.

Potaje – Guiso de legumbres con incorporación de hortalizas y embutidos.

Pringá – Carne, chorizo, morcilla y tocino que acompaña a la berza o al cocido durante su guiso, siendo apartado para ser servido como segundo plato.

Puntillita – Cefalópodo de pequeño tamaño parecido al calamar que en Sanlúcar se consume frito en tapas y raciones.

Ración – Porción de alimentos equivalente a varias tapas. En los bares de Sanlúcar, especialmente si son de pescado frito, también se sirven medias raciones.

Ranchito – Lote de pescados, generalmente surtido, procedente de restos de cajas y que puede adquirirse a un precio ventajoso en la Lonja de Bonanza.

Rape – Pez de carne muy apreciada cuyo nombre científico es *Lophius piscatorius*. Tiene un aspecto inconfundible caracterizado por su gran boca situada en una enorme cabeza llamativamente plana y ancha. Su venta en el mercado sanluqueño es en fresco, entero o partido en cabeza y cola. Platos típicos sanluqueños son el *rape al pan frito* y el *rape a la marinera*.

Raya – Pez de fondo marino de la familia de los ráyidos. Es de característico cuerpo romboidal y aplanado de carne blanca muy apreciada. Es tradicional en Sanlúcar su elaboración *en colorao*.

Rebozar – Cubrir los alimentos de huevo batido y pan rallado antes de ser fritos.

Red – Aparejo construido con hilo, cuerda o alambre que sirve para pescar.

Refreír – Freír bien un alimento.

Refrito – Aceite frito con ajo, cebolla, tomate, pimentón y otros ingredientes.

Rehogar – Pasar ligeramente los alimentos por aceite caliente sin que lleguen a dorarse.

Ronqueo – Despiece tradicional del atún, procediendo el término del ruido que hace el cuchillo al rozar con el espinazo.

Sal (a la) – Modo de hacer algunos pescados al horno, recubriéndolos de sal gorda. Este sistema impide que se reseque el pescado a la vez que toma la sal justa que necesita.

Salazón – Técnica de conservación de alimentos utilizada desde la antigüedad. Se basa en la propiedad de la sal para aumentar la vida útil de productos alimenticios, particularmente pesqueros, retrasando su alteración.

Salmuera – Disolución sobresaturada de sal en agua. En Sanlúcar es utilizada la salmuera muy fría en el proceso de preparación de las gambas y los langostinos cocidos.

Salsa de manzanilla – Salsa para acompañar carnes elaborada con cebolla picada y rehogada en aceite, harina, caldo de carne y manzanilla.

Sardina – Pez azul de cuerpo fusiforme, de color negro azulado con tonos plateados en el vientre, muy abundante de la pesca de Sanlúcar, donde se suele consumir asada.

Sobrehúsa - Salsa elaborada con cebolla, ajo, harina y laurel que en Sanlúcar es utilizada para el aprovechamiento de pescados fritos, especialmente la acedía, sobrantes de una comida anterior.

Sofreír – Freír poco o ligeramente un alimento.

Tapa – Pequeña porción de alimentos, a modo de degustación, con la que suele acompañarse la bebida en Andalucía.

Tapín – Nombre que se da en Sanlúcar al calabacín.

Tocino de cielo – Dulce de consistencia gelatinosa elaborado con yemas de huevo y azúcar.

Tollo – Pozo de gran tamaño, en forma de embudo, sin paredes, excavado en los navazos, por donde fluye el agua para el riego. También recibe el nombre de *tollo*, un tipo de pescado secado al sol.

Tomate – Fruto en baya de color rojo en su madurez, de la planta herbácea de las solanáceas llamada tomatera, de origen americano. Es un producto prácticamente indispensable en las elaboraciones cocineras.

Torrija – Dulce de consumo popular en Semana Santa, elaborado con rebanadas de pan, vino, huevos, aceite y miel.

Tortilla – Alimento obtenido al freír el líquido denso que resulta del batido de huevos. Es susceptible de recibir ingredientes tales como papas, gambas, espárragos, embutidos, etc. que le dan nombre y personalidad.

Tortilla de camarones – Especialidad gastronómica elaborada con harina, camarones, cebolleta, perejil, agua y sal. Es tapa y ración muy popular en Sanlúcar.

Trasmallo – Sistema de pesca artesanal utilizado en Sanlúcar para la captura de langostinos y acedías.

Urta – Pez espárido de nombre científico *Pagrus auriga*, abundante en las rocas de las costas gaditanas. El apreciado sabor de este pescado se debe a su alimentación casi exclusiva de mariscos. En Sanlúcar y su entorno se prepara al horno, según la receta de la *Urta a la roteña* y sus variantes.

Venado – Res de caza mayor, corzo o ciervo, de carne apreciada. En Sanlúcar se conserva un recetario para su preparación culinaria que es heredero de las antiguas monterías en Doñana y La Algaida.

Veranillo (al) – Elaboración de un guiso con utilización de un refrito de tomates, pimientos, ajos y cebollas, al que se añade una hoja de laurel. A esta base se le agrega el ingrediente principal, que muy bien pueden ser unas modestas papas o unos chipirones: *papas al veranillo, chipirones al veranillo.*

Vinagre – Producto obtenido por la acetificación del vino. Los vinagres elaborados en Sanlúcar se obtienen por el proceso de crianza mediante criaderas y soleras, obteniéndose diversos tipos según su edad. La calidad del vinagre sanluqueño está amparada y garantizada por el Consejo Regulador de la Denominación de Origen Vinagre de Jerez.

Zafo – Reparto equitativo, de acuerdo con la categoría profesional de los marineros, de las ganancias procedentes de la venta del pescado en la lota o lonja.

Zorzal – Avecilla de la familia de los túrdidos, tradicionalmente apreciada en Sanlúcar donde en otro tiempo se ha cocinado con arroz.

ÍNDICE DE RECETAS

Gazpachos, ajos, ensaladas y aliños

Sopas, berzas, arroces, guisos, potajes y cocidos

Los guisos marineros y el arte de bien freír

Caza, volatería, carnes y huevos

Dulces y postres

Este libro se terminó de imprimir en su primera edición, por encargo de la editorial Almuzara, el 5 de noviembre de 2024. Tal día del 1810, en la provincia de Cádiz, las tropas invasoras francesas inician el asedio a la Isla de León.